足球——守備完全圖解

岩政大樹

職業選手也要學的防守原則與抄截技巧

前言

顛覆「守備即防守」的既定常識，為日本足球帶來真正有組織的守備觀念。

日本足球富有組織性——

「遵守紀律且具組織性」，我經常聽到這樣的說法。許多人理所當然地把這句話掛在嘴邊，彷彿這就是日本足球的優勢。

可是，事實真的是這樣的嗎？

日本人遵守紀律的程度，確實是令人印象深刻的一項特質。然而，每當有人問我「日本的守備有組織性嗎？」，我總不免心存疑問。

在我的認知當中，「有組織性的守備」並非被動防守，而是主動出擊。不只是追在對手的後面跑，而是一種操縱對手的技巧。其箇中奧妙，正是守備的醍醐味。

若是本書能傳達一些我所感受到的守備樂趣，那將是我莫大的榮幸。屆時，所謂的「守備」將不再僅限於「防守」的概念。我相信這樣的思維將啟發日本足球，並為日本足球帶來顯著成長。

正因如此，我敢斷言——日本的足球將變得更具組織性。

CONTENTS

CHAPTER ❸ 2對2的守備原則

CONTENTS

CHAPTER

1

守備的大原則「停止」與「近身壓迫」

「壓上去！」、「抄他球！」等「不明確」的指示，
不僅搶不到球，也無法限制對手的行動。
防守球員「在哪個地點」「何時」「用什麼樣的方式」壓迫對手，
才是決定勝負的關鍵。
成功壓迫對手的大前提，
便是掌握正確的「停止」技巧。

LESSON 1

守備的原則「停止」

無法正確停止便無法接近對手

「停止」是守備的基礎。

面對試圖接球的對手，要做的第一件事，就是試著「接近」對方。透過拉近與對手之間的距離，不僅可以限制對手的下一個動作，也能創造奪取球權的機會。在拉近與對手的距離時，若近身壓迫的「強度」不夠，即使在盯防的狀況下，仍有可能讓對手自由做出傳球或運球的動作，導致白白失去了斷球的機會。正因為如此，「近身壓迫」在整體守備當中可謂相當重要的一環。

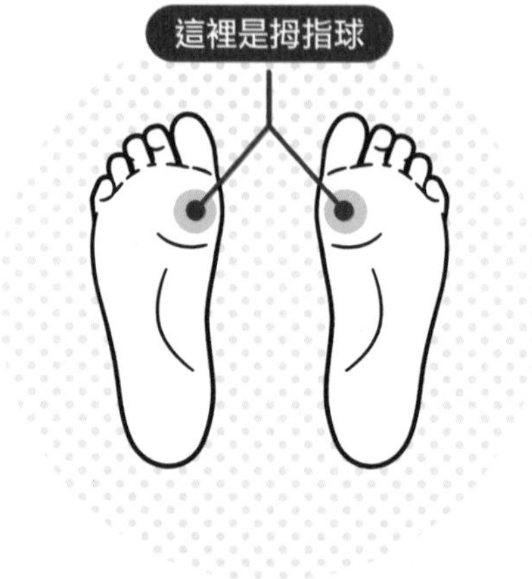

這裡是拇指球

關鍵是將重心稍微前移把身體的重量放在拇指球上

位於腳底大腳趾根部的這塊突起之處，就是所謂的拇指球（蹠骨球）。我們把體重放在這個位置時，重心會稍微前傾，保持這個姿勢，可以更順暢地踏出下一步。

然而話說回來，**要能做到「近身壓迫」，「停止」是不可或缺的前提。**

若不能掌握「停止」的技巧，即使「近身壓迫」對手，也沒有任何意義。**若「停止」的動作不正確，好不容易欺近對手身邊，也會被對手巧妙避開，反而造成解放對手的負面效果。**雖然「近身壓迫」與「停止」都是比賽中經常執行的動作，但是出乎意料地，無法正確執行「停止」動作的選手卻比想像中的要多得多。

停止時維持重心朝前就能順暢地做出下一個動作

那麼，所謂正確的「停止」，指的是什麼樣的姿勢呢？

關鍵在稍微前移的重心。意即，將身體的重量放在拇指球（腳底大腳趾根部的突起）這個位置的一種狀態。只要保持這個姿勢，就能毫無窒礙地做出下一個動作。雖然我強調要將重

正確「停止」的準備姿勢

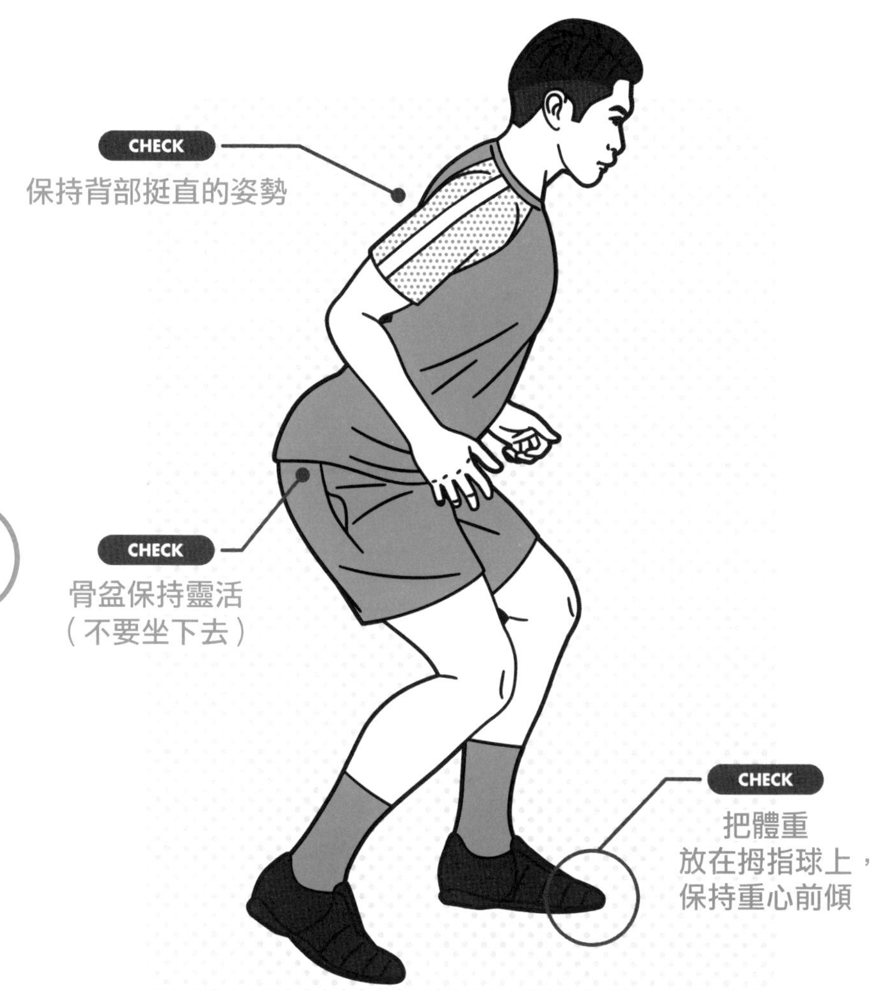

若要正確做出「停止」的動作，請立刻將身體的重量放在拇指球的位置，保持重心前傾的姿勢。接著挺直背部，讓身體處於隨時都能快速移動的狀態，這樣就能準確迅速地接近持球的對手。關鍵在於即使在維持背部挺直的狀況下，依然能將重心放在前方。

LESSON 1

守備的原則「停止」

心放在前方，但如果身體一直往前傾，就會停不下來，所以正確的姿勢應該是保持背部挺直，然後將重心放在前方。（參照上一頁的圖示）

反之，如果將重心放在腳跟，那麼「停止」之後的下一個動作將會變得遲緩。在某些情況下，甚至可能導致身體嚴重失去平衡。追根究柢，這是因為沒有任何動作需要從腳跟啟動的關係，所以做任何動作之前，都必須把重心轉移到前方。因為光是把重心放在腳跟，就會導致多餘的動作增加，拖累起步的速度。

可以朝任何方向移動的「停止」狀態是一切的基礎。

不過實際上，無法做出正確「停止」動作的球員相當多。據說這是因為日本人的骨盆普遍容易後傾的關係（請參照左圖）。骨盆後傾的人重心靠前盯著球時，上半身很容易向前傾而形成駝背的姿勢。一旦駝背，即使將重心放在前方，仍然會使下一個動作變得更加費力。

歐美人則幾乎沒有骨盆後傾的問題，就算他們將重心前移，上半身仍能維持較為挺直的姿勢，然而日本人卻往往無法辦到，這一點很可能是日本選手總是無法正確「停止」的原因。

為了改善這樣的狀況，接下來將為讀者介紹對「停止」有幫助的日常訓練。

POINT

只要做出正確的停止動作，就能緊跟在對手身邊藉機奪取球權。關鍵是將重心停在身體前方！

○

正常的骨盆

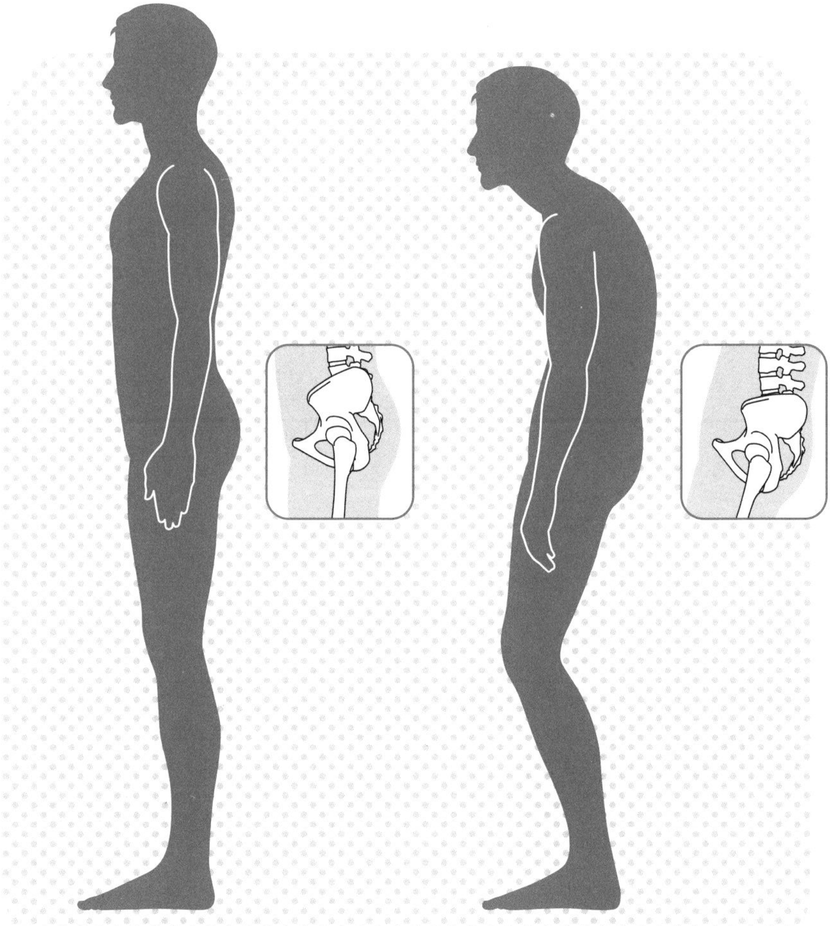

只要立起骨盆，背部肌肉就會馬上伸直，腰部與肩膀的負擔也能立即減輕。

×

骨盆後傾

骨盆後傾容易導致駝背，腹部也很容易因此凸出。

LESSON 2

正確「停止」的訓練方法

最重要的是「坐穩」髖關節的感覺

所謂正確「停止」的訓練，其實就是不斷重複衝刺與突然停止的動作，並且腳踏實地地練習。不過，若只是這樣子，訓練可能非常無趣（笑），因此可以嘗試加入一些小技巧。

拿一個彈跳不規則的球，例如橄欖球好了。把那顆球丟到地上彈跳一次，然後開始練習挑球。因為無法預測球的彈跳位置，不得不將身體維持在隨時可以移動到任何位置的姿勢。這是因為「停止」是為了盡快做出下一個動作的準備姿勢，所以這是一種培養類似感覺的訓練。

我自己在現役時期所做的，是一種在淋濕的格子呢跑道（tartan track，田徑比賽中使用的合成橡膠跑道）上不斷衝刺與停止的訓練。在容易滑倒的濕滑地面上，刻意穿上沒有抓地力的鞋子進行訓練，這麼一來，如果想要只靠腳的力量停下來就一定會滑倒。在容易滑倒、泥濘的地面上做出起跑、停止的動作，是非常有效的一種訓練。只要學會如何運用體幹的核心力量與髖關節，就不會再跌倒了。我想在沙池中進行訓練，應該也有不錯的效果。

透過這些訓練，我希望大家可以意識到「坐穩」髖關節的感覺（請參照上方圖示）。換句話說，就是把骨盆坐在髖關節上的感覺。若是沒有掌握這種感覺，就無法順暢地進入下一個動作。

正確「停止」的訓練

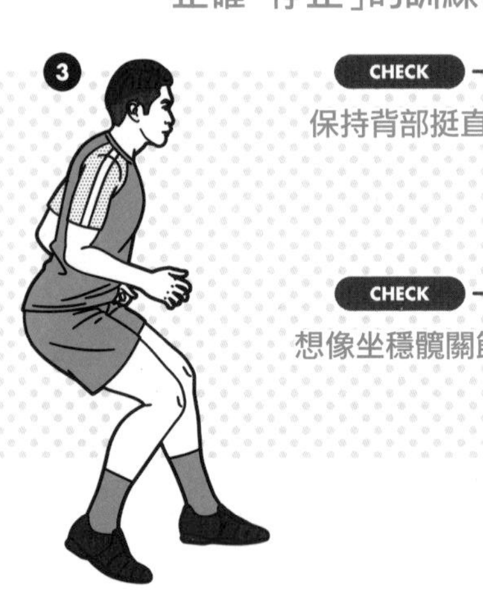

大家可以試著坐在平衡球上感受看看，或許更容易掌握到「坐穩」髖關節的感覺。

除此之外，還有一點需要特別注意的是「不要駝背」。對骨盆後傾的日本人來說，因為球在地上滾的關係，只要眼睛盯著球，就很容易駝背。而駝背加上重心放在腳後跟，就是最糟糕的姿勢。我知道姿勢沒有辦法輕易改變，但至少**在「停止」的那一瞬間，提醒自己不要駝背是非常重要的關鍵**。雖然經常聽到**近身時要「低下腰」的說法，但以日本人的狀況來說，很容易因為屁股的位置下降而導致骨盆後傾的狀況。因此無論如何，有意識地稍微彎曲膝蓋，應該是比較好的做法**。

一般認為，可以被一根棍子從頭貫穿到腳跟的站姿，就是所謂的正確站姿，「停止」也一樣，只要能盡量維持正確的姿勢，就能更順暢地連結到下一個動作。

我們積極進行各種移動相關訓練的同時，從另一個角度來看，也代表我們並不重視「停止」相關的訓練。對日本人來說，因為體型的關係，「停止」這個動作較為困難，因此有意識地持續訓練是不可或缺的關鍵。

重複衝刺與停止的動作。停下來的同時，試著想像把骨盆坐在髖關節上的感覺，注意不要駝背。只要能在背部挺直的狀況下將重心稍微向前移，就能順暢地做出下一個動作。

POINT

試著透過骨盆「坐穩」的感覺來避免彎腰駝背。

LESSON 3

更進階的正確「停止」技巧

不會「停止」就守不住職業球員

如果不能以正確的方式「停止」，最終可能陷入動彈不得的窘境。足球是一項不斷重複「啟動」與「停止」的運動，與馬拉松這類競技活動不同，並非朝著固定方向持續奔跑，而是一直持續著啟動後停止、停止後再啟動的重複動作。也就是說，如果不停下來，就無法啟動下一個動作。若不能以正確的方式「停止」，就無法快速啟動下一個動作，導致所有動作一個接一個地持續延宕。

往右移動並向左旋轉，或是前進之後緊接著後退，當你試圖進行上述移動卻**「停」不下來，就不得不每次都多踏一步，這肯定會使下一個動作總是慢上一拍**。以時間來說可能只慢零點幾秒，從距離上來看或許相差不到一公尺，然而，這短短五十公分的差距，將決定你是否能觸球成功。只要動作出現延遲，不僅無法向對手施加壓力，更可能影響全隊節奏，使球隊爭搶不到球權。

從小就踢足球的人，總是滿腦子只想到鍛鍊腿部肌肉。但是，如果每次想要停下來，都只使用腿部肌肉，將造成更大的危害。一般來說，停下來之後若要啟動下一個動作，通常會使用腿部的力量踢向地面來移動。由於日本球場的地面大多非常堅硬，確實只要用力一踢就能立即移動，但是在歐洲，球場的地面通常是相當柔軟的黏土質地，此時若只靠腿部的力量移動，非常容易跌倒。除此之外，如果停下來時只靠腿部的力量，就必須對大腿前方的肌肉施加壓力，這麼一來，勢必延緩你的下一個動作。

我從業餘踢到職業，參加過各個級別的足球賽事，根據我的經驗，**只要不能以正確的方式「停止」，絕對不可能守得住頂尖的職業球員**。

這是因為只要你先行動，對手一定有辦法反制你。面對頂尖球員以外的一般球員，因為對手持球的方式與姿勢、甚至是接球的動作等，都沒有太大的變化，因此我只要往可預測的方向移動即可。可是一旦踏入專業領域，頂尖的職業球員會透過切球或改變傳球路徑往反方向傳球等方式，反

正確的「停球」姿勢（正面）

停止狀態時，不顯露己方的移動意圖，保持不動聲色的平穩狀態，讓自己維持在可以迅速應對敵方行動的狀態。

制我方的行動。舉例來說，從遠藤保仁選手的ＰＫ動作（俗稱滾滾ＰＫ[1]）可以很明顯地看出，他會在觀察守門員（ＧＫ）的動作之後往反方向射門，任何細微的動作都逃不過他的眼睛。正如遠藤保仁選手的ＰＫ動作一般，只要守備的一方顯露意圖或採取動作，就一定會遭受反制。

對我方來說，最重要的是不顯露任何移動意圖，保持不動聲色的平穩狀態，而且還要在平穩的狀態下，以最快的速度應對所有狀況。也就是說，「停止」的技巧不夠好，就無法防守技巧高超的頂尖球員。意即想在世界頂尖水準的球場上踢球，務須掌握「停止」的技巧。當能夠隨心所欲地朝任何方向踏出下一步，連自身都能實際感受到，自己又更上一層樓了（參照右方圖示）。

我曾經有幸與問鼎橫綱的大相撲力士白鵬關交談，我第一次聽到所謂「後之先」[2]的概念。與其搶先進攻，不如保持能夠應對任何攻擊的姿勢。我認為放到足球上來看也是同樣的道理。

剛成為職業球員的時候，我總是積極主動地上前搶球，一開始也相當順利；然而，當我與遠藤保仁、中村憲剛等選手對峙過後，才發現光是旋轉腳踝的動作，就足以讓他們找到反制的機會。只是一瞬間，我的動作和判斷就被對手改變，我注意到自己正被對手操控著。過去我曾效力於鹿島鹿角足球俱樂部，當時一起踢球的隊友本山雅志與野澤拓也選手，也都是反制守備的高手。每當我因此而陷入迷惘之際，就會想起「後之先」這個概念。安定自我，應對一切。記住這個感覺之後讓我獲益良多，可謂足球生涯的一大關鍵。

1（譯註）滾滾ＰＫ乃原文コロコロＰＫ之譯，コロコロ是滾動的樣子，意指軟弱無力的ＰＫ射門。

2（譯註）此語出自劍道三先。劍道三先講的是在攻擊中的時機搶先準則及原則，三先分別是：先先之先、先之先、後之先。

LESSON 4

為抄截做準備「近身壓迫」的鐵則

在「何地」的「何時」壓迫對手是決定勝負的關鍵

面對準備接球的對手，「近身壓迫」是決定自己與球隊是否可以奪取球權的關鍵手段。

對手準備接球時，若能強勢壓迫對方，即使斷不了球，也能更容易預測到對手的下一個傳球或運球的方向，為球隊製造輕易奪取球權的機會。

相反地，若「近身壓迫」做得不夠到位，沒有給對手帶來足夠的壓迫，對手就能自由地進入下一波攻勢，隊友也很難預測對手的下一步行動。當上述情況發生，己方無法預測對手的下一步行動，自然也無法在下一個行動當中透過「近身壓迫」來給對手施加足夠的壓力。

也就是說，若無法透過近身壓迫確實向對手施加壓力、壓縮其行動空間並限制下一步動作，就很難為球隊奪取到球權。

這就表示**只要第一防守者（first defender）無法確實封鎖對手的動作，整條防線便無法順利啟動**。

試著創造可以充分接近對手的時機吧！第一個展開行動，上前壓迫對手的防守球員，必須意識到自己是所謂的第一防守者。在傳球實際發生之前，就**必須自覺到，當球被傳到「那個位置」，自己就是第一防守者**。

如果等到球都傳出去了，才想到「要去防守對方」，就不可能強勢壓迫對手。例如，【圖1】的對手進攻球員（Y）只要一接到傳球，防守球員（B）就要馬上意識到自己須負責上前壓迫，這一點相當重要。話雖如此，為了達到充分接近對手的目的，時機可是至關重要。

啟動「近身壓迫」的時機點，**不是球傳出去之後的任何時候，而是傳球的那一瞬間**。當球在球員之間傳導，雖然我們會上前接近對手，但是**如果沒有在球被踢出去的那一瞬間啟動，就很難充分拉近距離並壓制住對手了**。

因為對手已經把球傳出去了，就算前去逼搶，往往無法給對手帶來壓力，甚至反而留給對手從容反制自身的餘地。

圖1

一旦這位選手選擇傳球，B就需自覺到自己將成為第一防守者。並在球被傳出來的那一刻，立刻啟動「近身壓迫」的開關。

圖2

對手處在「中間位置」之時，通常較難決定由誰擔任第一防守者。
為避免球員無所適從，球隊最好事先決定由誰負責上前壓迫對手。

此時場邊經常會傳來「壓上去」的吶喊聲，可是聽到場邊的聲音才啟動防守，通常已經太遲了。由於傳球那一刻才是啟動「近身壓迫」的時機，除非場邊在對手傳球「之前」喊話，否則沒有任何意義。

除此之外，在實戰當中，若沒有充分掌握場上的狀況，也無法成功壓迫對手。**應該上去壓迫對方嗎？抑或還不到時機？針對實際狀況作出判斷至關重要**。當對手帶球跑動，是自己應該主動上前逼搶，還是讓其他隊友去執行？這與球隊的防守戰術有關。

舉例來說，當對手的進攻球員（Y）在半空間（half space）1，也就是所謂「中間位置」（圖2），Y所在的位置，對己方的中場（C）、邊後衛（SB，side backfielder／圖2的B）與中後衛（CB，center backfielder／圖2的A）這三人來說，都是較難防守的位置。遇到這種狀況時，球隊**必須以團隊的角度事先決定由誰上前近身壓迫對手**。是讓中場（C）回防、還是讓中後衛（A）出禁區上前防守，或是讓邊後衛（B）朝中路靠攏？無論如何，球隊都必須選擇其中一個方案，因此只要球隊事先決定好此處的防守策略，要讓球員對「自己是第一防守者」有所自覺，也就沒有那麼困難了。

1〔譯註〕介於邊路與中路之間的位置，也稱為肋部。

POINT

不要等到球傳出來才行動，看到傳球的那一刻立刻上前逼搶，就能奪取對手球權並阻撓對手行動。

LESSON 4

為抄截做準備「近身壓迫」的鐵則

能充分壓迫對手的球員 讓守備變得更有趣

經常聽聞「開關」這個詞彙，所謂「開關」指的是當第一防守者充分接近並壓迫對手，打開隊伍的守備「開關」之後，就能更簡單地串連周遭隊友的行動。對周遭的隊友來說也一樣，**只要知道那位選手會在某個時機點打開「開關」，就能更輕易地將球奪取到己方腳下**。

反之，當守備「開關」沒有打開，也就是啟動「近身壓迫」的時機明顯延遲，從對手的角度來看，就好像「賺到了」一樣好運。例如在【圖3】之中，對手的左中衛（LCB，left center backfielder／圖中的Z）要傳球給右中衛（RCB，rights center backfielder／圖中的Y），而首當其衛的己方左邊後衛（LB，left backfielder／圖中的A）正要試圖上前壓迫對手。可是球都已經傳出去了，（A）才後知後覺地意識到「是我要上前防守嗎？」並跑上前去，這個時候已經無法給對手造成任何壓力了。再加上（A）為了上前防守，離開了自己本來的位置，致使敵方球員（X）處於無人盯防的狀態，這可不是什麼好事。至此，防守方處於被動狀態，場面情勢已經徹底落後了。

就此案例來說，左中衛（Z）傳球給右中衛（Y）的那一瞬間，（A）就要啟動防守，只要在球抵達右中衛（Y）位置時能夠充分靠近對手，即使邊後衛（X）已經無人盯防，也能阻斷（Y）與（X）之間的傳球路線，同時能夠對右中衛（Y）施加充分的壓力（見圖4）。（A）採取的行動本身與【圖3】並無二致，**然而光是改變「近身壓迫」的時間點，便造就了完全不同的結果**。

正因如此，球隊中擁有幾個能夠抓準時機上前壓迫的球員非常重要，整個球隊防守逼搶的強度也會因為他們的存在而有不同於以往的提升。對球隊來說，若能擁有遠藤航這樣的選手將會非常有利，因為無論球隊希望在何時何地奪取球權他都能配合，他甚至能靠自己打開守備「開關」。

根據我自己的觀察，我發現愈來愈多選手只在戰術板上思考戰術。沙盤推演固然重要，但是一味紙上談兵，也會帶來負面影響。盯著戰術板思考戰術時，可能預設「在這裡遇到這個對手，就派那位球員去壓制他」，因而產生「好，我們壓制住他了」的錯覺。但是一到場上才發現不是說壓制就能壓制的，實戰時若無法充分壓迫對方，就不可能限制住對方的攻勢。**把自己與對方的距離縮短到一公尺以內充分壓迫對方，還是留下兩公尺的**

圖3

若打開守備「開關」的時間點太晚，不僅無法充分壓迫對方，還會放任敵方球員無人盯防。

圖4

若能在對手傳球的那一瞬間立刻逼近對方，無論從戰術或個人的角度來看，都能打出很好的防守，球賽也會充滿樂趣。

空間給對方自由發揮，兩者的意義完全不同。戰術板雖然可以綜觀球場上的位置關係，卻無法呈現「時間」這個要素，而球隊當中是否有球員能夠做到這一公尺的差距，就是無法靠戰術板呈現的重要環節。

再提一個我在鹿島鹿角隊的個人經驗，守備狀況不佳時，通常源自於防守球員消極被動的心態。**光是去做「靠近對方」這個動作，其實也需要勇氣。**如果是中後衛，通常會擔心如果為了上前壓迫而離開了自己的防守區域，會不會因為露出空檔而被對手反攻。如果是中場，則會擔心是否可能因此露出禁區到中場之間的關鍵區（vital area）。然而可喜的是，即使露出關鍵區，**只要能確實壓迫對手，也不太會遭受攻擊。因此就經驗上來說，與其讓球員因害怕負面結果而不敢行動，不如帶動其他隊友協助補位的風氣，鼓勵球員積極上前壓迫，反而更能帶來正面影響。**

我從小反應就不夠快，所以不太想打被動式的防守。如果對手的速度很快，到了夏天，想在球場上跟上對手就變得相當痛苦（笑）。然而，只要找到機會充分靠近對手並打開守備「開關」，就能化被動為主動，靠自己掌握主導權進而爭搶球權。當我意識到這一點，守備也變得有趣起來。

就戰術面來看，如果隊伍當中的防守球員不只能夠打開守備「開關」，還擁有可以充分靠近對手的個人能力，這對球隊來說就是額外的優勢，可以為球隊打造非常優秀的防線，因此我認為「近身壓迫」對整體守備來說，是相當重要的關鍵技術。

POINT

若能在絕佳的時機開啟守備「開關」，就能串連防線並讓守備變得有趣起來。

守備的大原則「停止」與「近身壓迫」技巧總結

- 為了充分靠近對手，將重心前移以達到正確「停止」。
- 「停止」的瞬間不要駝背。用坐穩「髖關節」的感覺來「停止」。
- 「近身壓迫」的最佳時機不是球傳出去之後，而是傳球的那一瞬間。
- 若沒有事先決定第一防守者，整條防線便無法順利啟動。
- 把目標放在搶球而非被動防守，守備就會變得更加有趣。

CHAPTER

2

1對1的 守備原則

守備的基本是1對1防守。
1對1防守時如果陷入劣勢，球隊將陷入困難。
防守球員經常被要求「在爭搶時決勝負」，
然而只要下定決心去做，就沒有想像中困難。
只要掌握原則與訣竅，就能在勝負中拔得頭籌。
本章將詳細解說從對手腳下搶球
以及封鎖對手行動所需的必備技術。

LESSON 5

如何防守接球員

在正確的位置準確地停止

球在敵方球員之間傳導時，我們該如何防守負責接球的球員？

首先，**在對手把球傳出去之前，務必釐清自己應該盯防的是哪一位球員。為了能在對手出球的那一刻迅速啟動「近身壓迫」的開關，這是不可或缺的重要關鍵**。

此時，**以最快的速度接近「停止」的地點，並在正確的地點準確地停下腳步，是最理想的狀態**。「停止」的技術，是成功的先決條件。如果只靠雙腿停止，往往會在到達停止地點之前踩剎車、碎步前進之後才停下腳步，然而這樣的接近動作並不能達到壓迫對手的目的。**最理想的做法是以最快的速度迅速縮短距離，並於目標地點瞬間停止**。

針對接球員的防守，只是單純的距離問題。若能確實接近並壓迫對手，問題便可迎刃而解，因此**是否能確實執行是一切成敗的關鍵**。只要確實接近對手，就能把對手控制在自己的攻守距離之間，剩下的應該可以憑藉自己的判斷自然應對。

由於每個人的攻守距離不盡相同，雖無法一概而論靠近到幾公尺幾公分以內才夠近，但可以想像為在對手移動球的瞬間，自己可以反應過來出腳且踢得到球的距離。每個人都

❶ 在傳球的瞬間啟動！

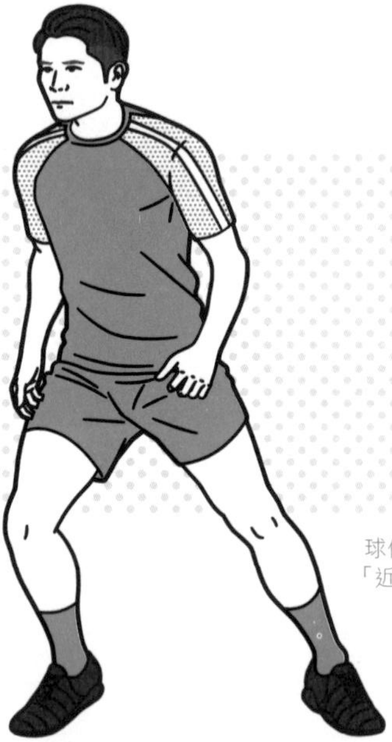

球傳出來的那一刻，立即啟動「近身壓迫」的開關。

❷
瞬間停止

最理想的做法是以最快的速度縮短距離，並於目標地點瞬間停止。

可以透過練習來體會適合自己的距離，不過我認為大致能以一公尺為基準。如果可以把距離縮短到一公尺以內，就能在對手移動球時抄截，或是用肩部衝撞對手。

當然，很多時候無法順利接近對手，但是至少在對手在防守區域內導腳時，務必緊貼著對手進行盯防，這是守備的基本原則。

LESSON 5

如何防守接球員

接近對手的角度基本上以「正面」為主

在敵方半場執行守備時，根據球隊的防守戰術，應對方式也會有所不同。

舉例來說，對手的中後衛傳球給邊後衛時，應該從內側阻擋，還是正面壓上？這個問題的答案取決於球隊擬定的戰術原則，例如上述狀況發生時，球隊希望防守球員將對手逼到哪個位置再出腳搶斷？除此之外，也會根據對方球員的特性來調整應變方式。想像一下，對手的左邊後衛是長友佑都還是馬塞羅（Marcelo）[1]，一定有相當程度的差異對吧？因為長友佑都的慣用腳是右腳，而馬塞羅則慣用左腳。面對馬塞羅，如果擔心太靠近會被過人，或許需要拉開一點攻防距離，並且在靠近他左腳的位置防堵。守備時應該採取什麼樣的防守策略，**除了根據球隊的戰術判斷，也需針對對手的特性調整應對的方式**。

❷ 靠身體卡位來抄球

重心停在前方阻擋對手後，身體迅速卡入對手的移動方向。

為了配合球隊的防守戰術，有時須誘導對手往球隊希望的方向移動，但我自己**盡量不使用「切到內側」、「切到外側」之類的說法**。這是因為假如你不想被對手縱向突破就用「切到縱向」這樣的說法，很可能導致球員都杵在縱向防守的極端狀況。所以**基本上，只要說「正面壓上就好」**即可。

即使充分靠近並壓迫對手，守備方仍可能被對手過人反攻，此時球隊要決定「當最

只要能從正面壓迫對手，就能把對手控制在自己的攻防距離之間，接下來就靠自己的判斷來應對。

壞的狀況發生，對手往哪個方向過人是可以接受的結果」，這類戰術的設定相當重要。假設不小心被對手過人，還是有其他隊友上前掩護（cover）[2]，那麼負責上前壓迫的選手也可以更無後顧之憂。

教導孩子時，如果用「切過去」這樣的說法，他們往往只會不知變通地固守在教練指示的位置。舉例來說，他們聽到「切到內側」之後，若只會固守在內側，敵方很可能會從外側過人甩開防守，並傳出一記大角度的傳球。因此，如果要用「切」到哪個位置，或是切到某個單一角度這類的說法，事先以整個球隊為單位確認這些說法分別指的是什麼角度，或許是比較好的做法。

1〔譯註〕巴西選手，職司左後衛，在皇馬效力時打響名號成為世界知名的左後衛。

2〔譯註〕cover是當有人試圖抄截，要有一個防守球員掩護他，如幫他補位或防守可能在後續接到球的對手球員等。

LESSON 5

如何防守接球員

近身抄球的歐式防守技巧

最後講解基本的防守概念。一般來說，日本會**將敵人誘導到一個限定的方向，連同掩護的隊友也一起上前搶球**；另一方面，若觀看歐洲球隊的相關賽事，會發現比起誘導對手，他們更喜歡在上前壓迫的時候出腳爭搶。這是一種透過近身壓迫對手來解放後方隊友的思維方式。因此，**與其被明擺著的路線限制住，不如把首要目標放在充分接近對手**，我也認為這是一種更優秀的防守策略。誘導對手固然重要，但**充分靠近對手仍是最優**

2 從「正面」接近對手

接近對手的角度基本上以「正面」為主。不用極端到一定要從正對面靠近，只要是一個你能在對手移動球的瞬間，執行抄截或肩部衝撞等動作的角度即可。

先的第一選擇。因此在**制定球隊戰術之前，增加能夠近身壓迫並封鎖對手行動的球員數量極其關鍵**。

接近對手的角度基本上以「正面」為主即可。不過，試著察覺對手的下一個行動意圖，來決定自己的攻擊角度也相當重要。例如，假如敵方的邊後衛試圖朝縱向踢出直傳球，前鋒也同時往斜線方向移動，一旦察覺對方的意圖，靠近對手的角度就必須隨之調整到對手的傳球路徑上，使對手難以傳出直傳球。不用極端到一定要完全擋住對手的傳球路徑，畢竟確實逼近對手仍然更為重要。只是若已經察覺到對手的意圖，就有必要對症下藥，根據對手的行動去微調自己近身壓迫的角度。

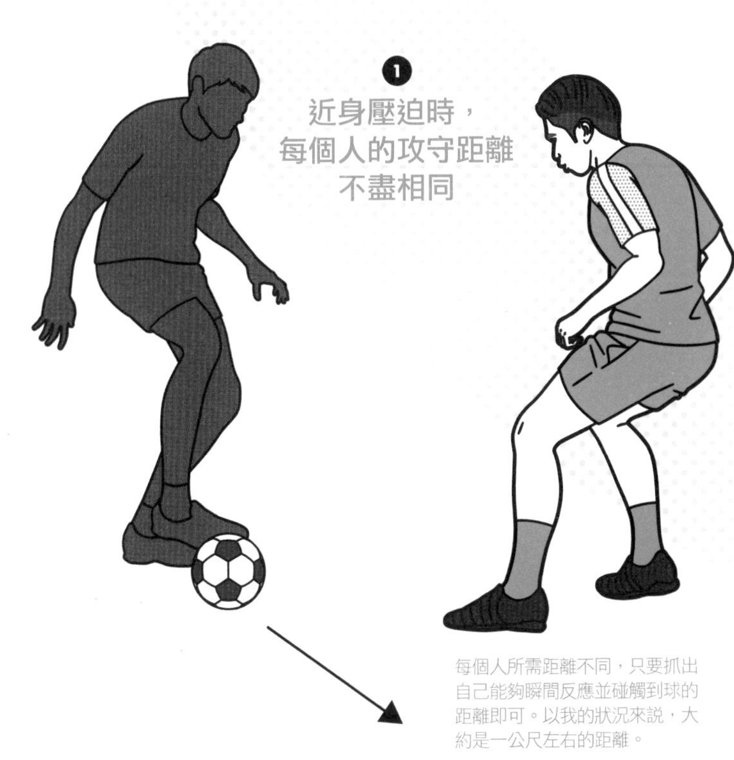

❶
近身壓迫時，
每個人的攻守距離
不盡相同

每個人所需距離不同，只要抓出自己能夠瞬間反應並碰觸到球的距離即可。以我的狀況來說，大約是一公尺左右的距離。

LESSON 6

如何防守背對自己的對手

不要只是盯著對方 要從背後妨礙他的行動

這一節談的是對手背對自己的狀況。例如敵方前鋒（Forward，簡稱FW）正準備接住一記直傳球，或是試圖接住一個邊線球[1]時，在上述情況中面對一個背對著自己的對手，最重要的是如何「妨礙」對方的行動。

我認為**日本足球特別重視不被「閃避」與「過人」的技巧**，不僅為了防守敵方試圖背身拿球的球員，甚至當對方球員已經背身將球控制下來，日本球員往往仍專注於盯住對手，不會輕舉妄動。這是因為只要不妄動，就不會被「閃避」、更不會被「過人」。即使後來對手把球橫傳給其他敵方球員，且那位球員因此射門得分，球隊在賽後檢討守備時，只會針對防守「射門球員」的守備狀況進行檢討，至於**防守「背身拿球後傳出助攻那位球員」的球員，反而不會被檢討守備責任**，這就是日本足球的現狀。不過在我看來，仍應該針對背身拿球的對手，檢討可行的守備方式才行。

具體來說，應該做的守備動作是「伸腳」，也就是**往對手的兩腿之間、腋下的位置出腳**。因為對手背對著自己，事實上他很難看清楚己方的防守動作。在這樣的狀況下，一旦後衛從背後伸腳干擾，就很難把注意力集中在球上，這麼一來，防守方的「干擾」意圖便能奏效。相反地，假如背後的後衛就只是守在那裡什麼也不做，那麼對他來說，反而能安心開啟下一串進攻配合。為了不讓對手輕鬆打出進攻配合，在背後防守時做出有效的守備動作是重要關鍵。

出腳時，**首先朝對方意圖前進的方向出腳是其一**。

假設對手前鋒想接邊線球（在對手的左側），如果後衛從球場內側出腳（在本例中為左腳），則對手前鋒甚至不用理會後衛，只要順著球的方向就能

不要只是站在背後

如果對手知道背後的後衛只是守在背後什麼都不做，反而能安心開啟下一串進攻配合。

輕鬆轉身過人。因此，就這個例子來說，為了不讓對手輕易朝縱向進攻，我會先出右腳封鎖對方試圖進攻的路線。

此外，也可以**朝對方的慣用腳出腳，封鎖其慣用腳**。

同樣以接邊線球的例子來說明，假設對手的慣用腳是右腳，那麼一般來說他會試圖把球放在右腳前方。此時，後衛只要出右腳，通常不是踢到對手控制在右腳前的球，就是踩到對手的腳（請參照31頁的圖示）。只是看準對手的慣用腳一起出腳而已，意外地都能造成對方球員的失誤。如果對手的慣用腳是左腳，那我們也出左腳。當然自己也會有不是慣用腳的時候，這時**務必透過訓練來達到能以非慣用腳出腳干擾對手的水準**。

1〔譯註〕比賽中若其中一方隊員將球踢出邊線，則由另一方隊員手擲邊線球。

LESSON 6

如何防守背對自己的對手

就算搶不到球 至少要妨礙對方

需要注意的是，當你試圖出腳的同時，身體重心也會向後傾斜。

如果真的不小心在身體重心後傾的狀況下出腳，一旦球落到自己身後，必定無法快速轉身拿球。因此，**出腳時請盡量維持重心向前的姿勢**。維持重心向前的姿勢出腳，即使球落到自己的後方，也能快速轉身拿球；此外，假如對手轉身和自己產生衝撞，這個姿勢也更能幫助我們維持平衡。

以守備的優先程度來說，首先最好的選擇是抄截對手的傳球。若無法順利抄截，那就瞄準對手接球前的那一瞬間。如果連這個時機也錯過了，那就瞄準對手接到球的那一瞬間。這就是守備的三個階段。

雖然一般都說盡量抄截或是瞄準對手接到球的瞬間，不過就算只是這個瞬間，也能細分為兩個階段。

我之所以留意到這一點，是因為鹿島鹿角當時的主教練是巴西人。托尼尼奧・塞雷佐（Toninho Cerezo）教練經常叮嚀我們務必做到「妨礙對方」。一直以來，如果沒能攔截到對手的球，我就會瞄準對手接到球時，球碰到對手的腳彈起來的瞬間；但是後來我學會在對手「即將接到球之前」與「正在接球的瞬間」這兩個時間點，從背後出腳妨礙對方。因為從實戰的經驗當中，我意識到**即使斷不到球，光是稍微碰觸到球，都能擾亂對手的進攻節奏**。當時我還是個菜鳥，托尼尼奧・塞雷佐告訴我：「雖然你不能組織進攻，但可以破壞對手」。那種感覺就像是用自己的腳，去配合試圖控制球的對手的腳。不要等到球被控制住才動作，要盡量積極去觸球。透過積極出腳觸球，我不僅有機會比對手先碰到球，有時即使對手早一步觸到球，球還是反彈到我腳上。

當我學會這一點，在守備上「妨礙」對手也變得更加得心應手。

在對手的背後妨礙他的行動

從對手的背後出腳，妨礙他的行動。可以事先封鎖對方的慣用腳，或是朝對手想前進的方向出腳。

POINT

如果不能抄截對手的球，就從背後朝對手想前進的方向出腳，或是封鎖對手的慣用腳。

LESSON 7

如何防守跑向空檔的對手

察覺對手的跑動路線並先發制人

如果球被傳到空檔，你與對手前鋒同時跑向球時，**察覺對手的跑動路線並先發制人相當重要**。若是確實執行，也能減少在比賽中與敵方球員競跑的次數。

舉例來說，在比賽途中被換上場的前鋒，大多根據教練的指示在特定的位置跑動。對方知道我的腳程較慢，因此派上腳程較快的前鋒，往右中衛的我的位置朝邊線斜向跑動，希望能從右邊後衛後方的位置撕開防線。這個時候要是我率先起跑，原先試圖將球傳到該空檔的敵方中後衛或左邊後衛，會因為察覺我的動作而放棄傳球。

對方的目的是將球傳到目標位置，迫使我不得不和對方的前鋒競跑，因此察覺對方的意圖並先發制人，也能阻止對方的計畫得逞。

在實戰當中，敵方傳球且與前鋒競跑時，**最重要的是率先觸球。如果可以把身體卡在球與對手之間搶斷球，那就再好不過了**。

守備愈踢愈好的岩政語錄 1

「掌握位置就能掌握主導權」

守備的原則是抹滅對手最想執行的進攻選項。守備往往給人一種被動的印象，然而事實並非如此，若能事先察覺對手的攻擊位置，守備也能掌握主導權。

察覺對手的跑動路線並先發制人

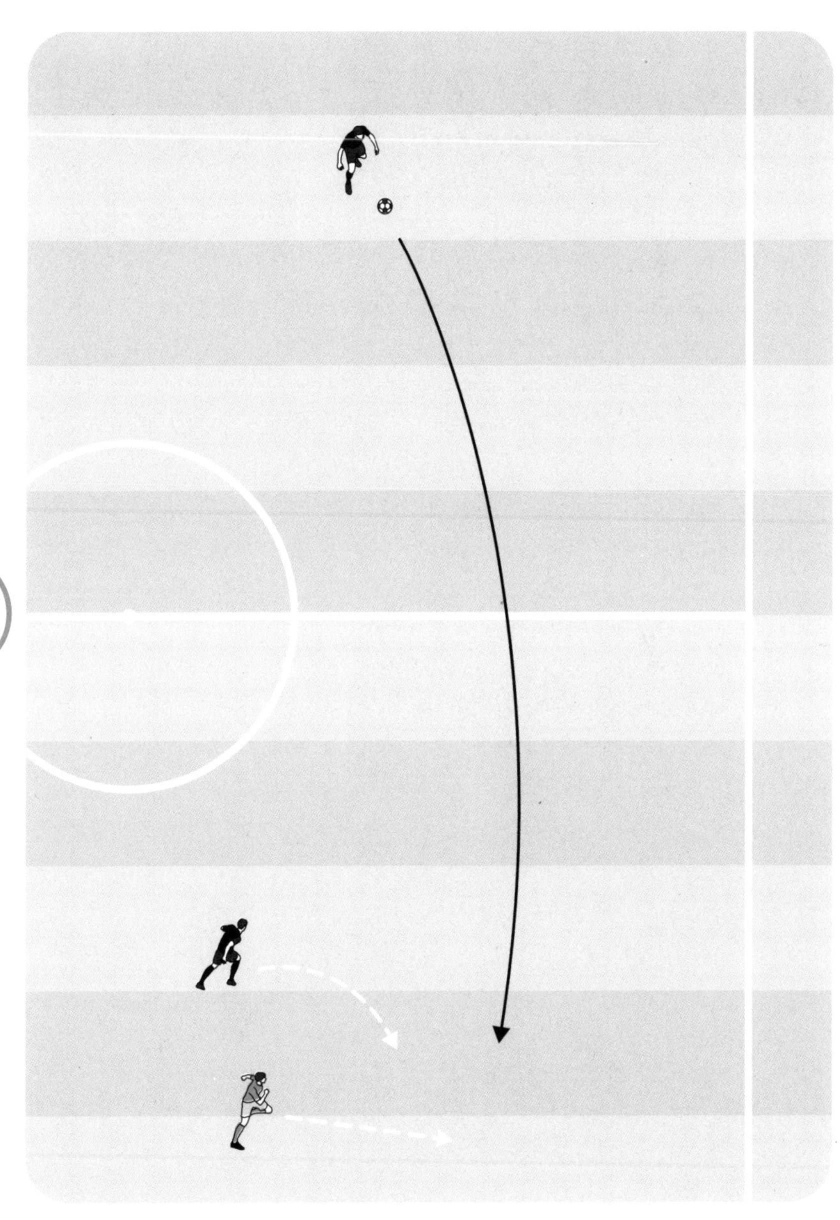

對方的目的是將球傳到目標位置，迫使我方防守球員與前鋒競跑，因此我方須察覺對手意圖並先發制人，以防範對方的計畫得逞。

LESSON 7

如何防守跑向空檔的對手

以阻止對方縱向加速快攻為最優先

假如你無法搶在對方之前觸球，此時需採取的防守方式，與防守背對自己的球員時相同。對方應該會試圖用身體架開你，然後在不減速的狀況下甩開你並展開縱向快攻，因此你需要**朝對方的移動方向出腳，試著阻止對方加快速度**。

這個時候出哪隻腳需依情況而定。因為我的位置是右中衛，以球場右半邊的防守為例，假如是邊線球，我會出右腳，但如果我追著對手在場上跑動，對方也會藉此加快速度。這

阻止對方快攻並搶斷

察覺對方的意圖並率先向對方瞄準的空檔先發制人。

個時候，假如我出右腳卻反被對方閃避，就有被對方澈底甩開的風險。因此我會選擇出左腳，即使被對方擺脫攻向後場，也能盡快反應過來。因此，當對方朝著己方後場縱向突破，要出哪一隻腳來限制對方，需根據實際的狀況來決定。

如果對方前鋒無法成功打出快攻，應該會先停球並觀察狀況。此時採取的防守方式，與面對背身拿球的對手相同。因為很少有球員會在帶球跑向空檔後突然轉彎往球門進攻，所以**作為後衛，首先要做的就是阻止對方向後場縱向加速進攻**，只要對方一停球，代表即刻的威脅已經解除，可改以妨礙的方式來封鎖對方的行動。

❷ 阻止對方加速快攻

朝對方的移動方向出腳，阻止對方加速快攻。

❸ 左腳搶斷

出右腳可能反而被對方閃避。如果出左腳，即使對方擺脫發起快攻也能盡快反應。

LESSON 8

追擊守備

搶斷要瞄準慣用腳

雖然中後衛甚少遇到需要追趕持球對手的情況，但是對於中場球員（Midfielder，簡稱ＭＦ）來説卻是家常便飯。在我的印象當中，萊奧．席爾瓦（Léo Silva）選手在這方面的表現相當優異。

我很少在日本選手身上看到類似的防守方式，萊奧．席爾瓦**從背後追趕對手時，他會從對方的慣用腳那一邊靠近對手**。

如果對方的慣用腳是右腳，他就會以對方的右腳為優先目標。萊奧．席爾瓦的防守方式相當極端，即使對

如何針對對手的慣用腳搶斷球

❶ 追上對手

追上對手並伺機出腳。

對手從右路進攻
也針對對方
的慣用腳！

萊奧．席爾瓦防守持球進攻的對手時，即使對方從右路進攻（對守備方來説是左路）也不會從內側接近對手，而是瞄準對方的慣用腳（右腳）伺機搶斷。

手在右路帶球進攻（對守備方來說是左側），他也會從右側靠近對手。反之，同樣是**面對慣用右腳的對手，即使從對方左腳的方向靠近並封鎖了對方左側的行動，很可能造成對方以自由的右腳傳球**，不能算是有效的防守。

面對慣用右腳的選手，若能從背後瞄準右腳，當對手準備起腳而產生空隙的那一瞬間，不僅更有機會戳到對方腳下的球，防守在該名對手前方的己方球員也更容易預測到他的下一個動作。**就限制對手的進攻配合這個意義上來說，針對對方的慣用腳找機會出腳搶斷是相當有效的防守方式**。

當然，**把在中路進攻的敵方球員驅趕到邊路是相當普遍的防守方式**，因此從哪一個方向靠近對手，也需考慮自己與己方隊友之間的位置關係。我認為**針對內側與針對慣用腳這兩種方式，都是相當有效的防守方式**。

② 從對手的慣用腳那一邊靠近

從對手的慣用腳那一邊靠近。

③ 伺機戳走球

只要瞄準對方的右腳伺機出腳，當對手準備起腳出球而產生空隙的那一瞬間，就能輕易出腳戳走球。

LESSON 8

追擊守備

光是從背後追逐對手就能限制對方的盤帶

如果持球進攻的對手背後有隊友追在後頭，對中後衛來說防守起來也會更為輕鬆。因為在這樣的狀況下，對手無法隨心所欲地改變運球的節奏。

就防守方來說，一個可以自由改變運球節奏的進攻球員是最為棘手的防守對象。進攻、停球，然後再加快速度，只要對手不斷改變運球節奏，在防守上便相當難以對付。不過，一旦對手身後有隊友追在後頭，因為沒辦法放慢速度的關係，對手無法隨心所欲地改變運球節奏，對中後衛來說防守起來會較為輕鬆。

光是追在對手身後就能讓守備更輕鬆，因此若中場和前鋒能建立起上述觀念，也能為守備做出貢獻。光是追在對手後面跑，或許看似白費力氣，但對中後衛來說，防守的難度卻能因此一口氣大幅下降。

先前談到從背後防守的方式時，曾提到「妨礙」一詞，我認為追在對手後方也可期待相當程度的妨礙效果。由於無論哪一個情況對手都幾乎看不到背後的狀況，因此當他感覺有人靠近自己，通常會影響其後續的判斷。一般我們稱之為「背後壓迫」，意指從背後接近對手並伺機採取行動。一旦了解到從背後壓迫對手的好處，我相信認真的日本人一定能很快地掌握這個技巧。

守備愈踢愈好的岩政語錄 2

「防守定位球靠的是想像力」

防守定位球靠的不只是「集中精神」。根據對手的表情、動作以及他在比賽中的表現，想像對手的踢球風格與心理狀態。「想像」對手不想遭遇的狀況並持續實行是相當重要的關鍵。

只是追在對手身後也有防守效果

光是追在對手的身後，就能讓對手無法隨心所欲地變換運球節奏，等於排除了對手的一個進攻選項。你的努力可以成為己方守備球員的後盾，因此重要的是不要放棄，持續追擊對方的持球者吧！

LESSON 9

對手運球時的守備方式❶
掌握自己的「攻防距離」

在不被對手擺脫的情況下維持可以出腳斷球的距離

面對持球向自己攻過來的對手，就守備來說，「攻防距離」將成為相當重要的一環。

①**後衛出腳碰不到球，但對手仍遠不能擺脫後衛**
②**後衛差一點就能碰到球的距離**
③**後衛出腳可以碰到球的距離**

「攻防距離」分為上述三種情況。

當自己與對手之間的距離還有三公尺左右，防守球員不需擔心被對手過人，但也不可能搶斷對方的球。因此問題通常會出現在情況②與情況

❷ 縮短距離到可以碰得到球的距離

只要能把自己與對手的距離縮短到可以碰到球的距離，就能伺機斷球。

③。若雙方的攻防距離是情況②，後衛差一點就能碰到球但又碰不到時，最容易吸引對方發動攻勢。反之，要是後衛靠近對方的距離是情況③，出腳可以碰到球的距離，即可稱之為迎來了搶斷球權的好時機。

不過，情況②與情況③的確切距離取決於每位球員的個人特性。**多遠的攻防距離可以確保自己不被對手過人？如果想搶對方的球要靠到多近才辦得到？實際的訓練過程當中，每位球員都會慢慢體會在不同狀況下適合自己的攻防距離。**

基本的姿勢不變，不要把重心放在腳跟、不要兩腳平行，並維持其中一隻腳在前。但是上半身不能傾斜，要以正面迎向對手。對手帶著球攻過來時，我們會稍微後退以應付對手，但即使後退也不要讓重心後傾到腳跟，盡量把重心維持在拇指球的位置。

維持攻防距離的方法

❶ 不要把重心放在腳跟

基本姿勢與「停止」相同。不要把重心放在腳跟、不要兩腳平行，維持其中一隻腳在前。

LESSON 9

對手運球時的守備方式❶

掌握自己的「攻防距離」

為了斷球的防守與爭取時間的防守

如果你的對手已經帶著球往你的方向攻過來，輕易出腳很可能會因此被對方過人，這個時候輕易出腳是最糟糕的防守方式。在對手進入自己的攻防距離之前，請務必耐心等待。

我效力於鹿島鹿角隊時，曾經一起踢球的大岩剛選手很擅長把對方拉近到自己的攻防距離當中。對手以咚、咚、咚的節奏觸球之時，大岩剛如是說：「**如果你能在咚與咚之間的空檔縮短你跟對手的距離，就能把對方引入你的攻防距離之中**」、「**你要做的就是放慢後退的速度，慢慢縮短**

在咚與咚之間的空檔縮短距離的方式

在咚與咚這兩個觸球的時間點之間，逐漸縮短距離讓對方進入自己的攻防距離。透過減緩後退的速度縮短攻防距離，等到對手進入自己的攻防距離後就出腳斷球。

自己與對方之間的距離即可」。雖然就我自己的狀況來說，我並不具備引誘對手進入自己攻防距離的能力。因此與其讓對方進入我的攻防距離，**不如一邊維持距離一邊後退，藉此爭取隊友回防的時間，才是屬於我的防守方式**。

讓對手進入自己的攻防距離並伺機搶球的防守方式，以及藉由退後爭取時間的防守方式，兩種方式各有優劣，最理想的狀況是兩者都能兼顧，但對我來說，退後並爭取時間的防守方式更適合我。

對對手有利的攻防距離與對自己有利的攻防距離，其中不過數公分的差距。這取決於對手與自己的個人能力。因此，我認為**拿捏攻防距離，是一門必須憑直覺逐步領會才能習得的技術**。

LESSON 10

對手運球時的守備方式❷ 抄截的出腳方法

用前腳戳球

出腳時，大多會直接伸前腳去戳球。只要對方一進入自己的攻防距離，通常靠身體的反射動作就能斷到球，因此不需過於在意如何出腳。

出腳時記得把重心維持在前方，整個身體向前邁出一步。這麼一來，即使被對方成功閃避，也能順利轉身。

後退的同時，務須將重心維持在身體的前方。如果把重心放在腳跟並於後退時出腳，腳向前伸的幅度就會不如預期。一旦遇到身體左右搖晃的

斷球的出腳方式

❶ 壓低上半身並將重心放在前方

以重心朝前的姿勢應付對方的盤球。

❷ 即使後退也要維持重心在前

注意不要在重心落在腳跟的狀況下後退。

情況，重心往往很容易就落在腳跟上，因此即使往後退，也要維持重心在前，這麼一來只要一有機會就能盡快邁出下一步。為此，日常紮實的訓練是非常重要的。

4

維持重心在前，整個身體向前移動並以前腳戳球

當對手進入自己的攻防距離，一有機會就以重心向前的姿勢出腳。出腳的方式是全身向前邁出一步，用伸出去的前腳戳球。

3

順利轉身

一旦身體左右搖晃，重心就很容易落到腳跟，因此請務必撐住並維持重心在前。

LESSON 11

對手運球時的守備方式❸ 如何運用手臂阻止對手

關鍵是面向球並張開雙臂

有些對手會在攻防距離稍遠的位置大力觸球，嘗試以速度擺脫防守球員。由於防守球員需要時間轉身，腳程較快的球員會把握這個時機追上球。假設此時身為防守球員的你站姿平衡，能夠做到快速轉身，那麼這就是一場你與對手比拚誰先追到球的勝負。

此時，**究竟該以最快的速度跑向球，還是進入對手的跑動路線？**假如選擇用身體擋住對手的跑動路線，那麼對手將無法經由最短距離接近球。

用雙臂阻止對手的方法

❶ 面向球

跑動時面向球而非敵方球員。

但是，如果你蓄意阻止對手的行動就會犯規。因此較為正確的做法，應該是**面向球並張開雙臂，阻擋對手超前進入自己的前方區域，然後率先抵達球的位置**。

運用雙臂時，切記任何動作都不要從手開始。當你將手臂插入對手的胸部或腹部，除非你保持**腋窩向上且手肘彎曲的姿勢，讓你看起來是為了確保自己的行動區域**，否則就會被判犯規。此外，若由手開始動作，也會因為其為身體末端而導致反應速度變慢。運用肩胛骨，從體幹（核心）做出反應會更快速。

有時候，你可能面臨無論如何都無法率先觸球的狀況。我在1對1防守費南多．托雷斯（Fernando Torres）選手時正是如此。就算我想去搶球，以托雷斯的速度一定能追上並擺脫我，所以我選擇放棄搶先觸球並回到禁區防守（笑）。

滑鏟是最後的手段

順帶一提，**用滑鏟的方式抄截是最後的手段**。這個動作的概念是，當你與對手朝著平行的方向跑動的同時，把腳放在球的行進方向上阻擋，即使被對手超越也能擋下球。

但是只要一滑鏟，整個人就會呈現暫時摔倒在地的狀態，因此運用的次數不宜太多。話雖如此，若遇到只要滑鏟就能搶到球的狀況，那就不要猶豫。

無論左右腳都能抄截球，也是相當重要的必備能力。假如在右路抄截，大多使用右腳內側或左腳外側。如果**只會用慣用腳抄截球，出腳的時機就會受到限制，所以兩腳都能做到抄截動作較有優勢**。

3 率先抵達球的位置

保持腋窩向上、手肘彎曲的姿勢壓制對手，只要動作看似確保自己的行動區域就不容易被判犯規。

2 張開雙臂阻止對手超前進入自己的前方區域

不要用手、要用肩胛骨張開雙臂。

LESSON 12

如何防守傳中球❶ 空間管理與身體方向

最危險的傳球路線與消滅空檔

最危險的傳中球是瞄準後衛與守門員之間的空檔傳出的球。一旦球被傳到這個位置，對後衛來說等於束手無策。剩下的只取決於敵方球隊是否有球員在這個位置接應。

因此，我方要做的第一件事，就是**阻斷這條傳中球路線並消滅這個空檔**。如果對手從邊路進攻並以間不容髮的速度打出傳中球，防守球員應該先向後退，盡可能消除身後的傳球空檔。

對手可能需要一點時間才能踢出

到後衛與守門員之間補位是首要任務

消滅後衛與守門員之間的空檔是防守球員的首要任務。當這個空間成為敵方的進攻目標，防守球員必須盡可能消滅傳球空檔。

傳中球，此時若你已經抵達能夠防守敵方傳往後衛與守門員之間傳中球的位置，就還有調整身體方向的餘裕。這個時候，請調整你的身體方向，讓自己能同時看到球與盯防的對手。

站在可以同時看到球與對手的角度

若有調整身體方向的餘裕，請調整身體方向至可以同時看到球和對手的角度。

LESSON 12

如何防守傳中球❶

空間管理與身體方向

可以同時看到球與對手是理想狀況

當傳中球從邊路橫傳過來，**在我的印象當中，很多後衛會轉身朝向球的方向，但這可能導致跟丟對手的風險。也就是說，他們成為了那種「只顧著盯球的人」**。如果防守球員一昧轉向傳中球的起點，代表他們面對的方向是自家球門的90度角，根本完全看不到站在自己後方的敵方球員。在這樣的狀況下，如果對方突然在附近採取行動，就不能以最快的速度應對。

因此**可以同時看到球與球員的方向，就是最理想的身體方向**。當年我在日本國家隊效力時也有類似的壞習慣，記得時任的主教練阿爾貝托·扎凱羅尼（Alberto Zaccheroni，暱稱Zac）曾嚴厲指正這一點。扎凱教練認為身體的方向應該正對著自己盯防的對手，但是在我採取這個方式的時候，每當對手在我的面前採取行動，我就不得不大幅晃動身體來應對，這讓我感覺自己的動作落後於對手。

因此我建議在面對球的狀態下，把身體轉往對手的方向約30度左右。大致就是稍微張開肩膀朝向對手的感覺。這樣一來，由於重心仍保留在前方的關係，不僅能夠迅速移動，更能一邊盯球、一邊以視線餘光捕捉對手的動向。

敵方的前鋒應該會試圖在傳中球的傳球路線上，尋找沒有我方後衛防守的位置就定位。一旦對手移動到身後，後衛就很難看到對手的動作，因此前鋒往背後（遠角方向）移動時，就跟著他移動兩、三步來調整位置（參照左頁下圖）。最重要的是敵方的傳球找到前鋒時，做好隨時能夠上前防守的準備。

全身正面朝向球

對著球轉身30度

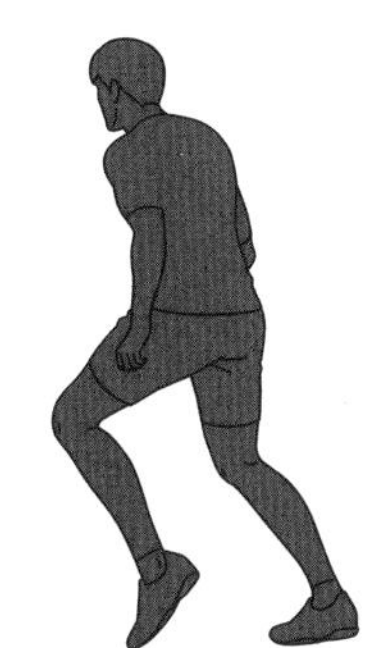

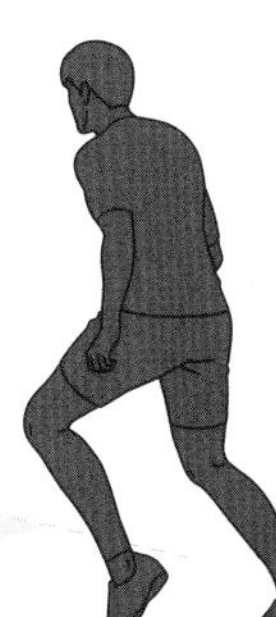

只要對手朝遠角移動，
就移動兩、三步來調整位置

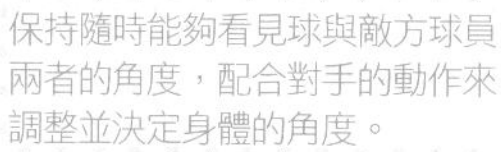

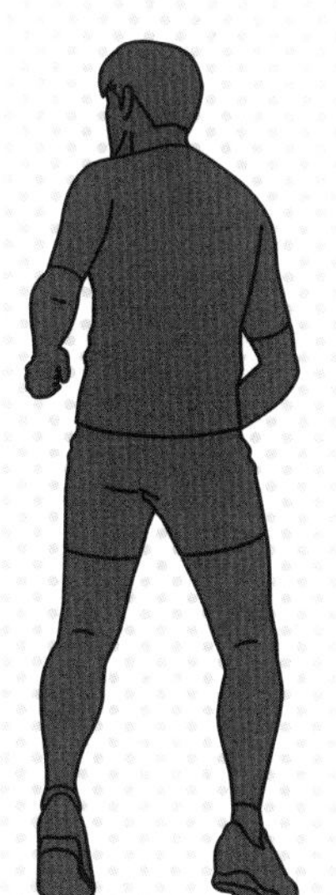

保持隨時能夠看見球與敵方球員兩者的角度，配合對手的動作來調整並決定身體的角度。

LESSON 13

如何防守傳中球❷
清球的原則

把球踢回原來的方向是清球的大原則

當敵方球員踢出傳中球的那一瞬間，我們必須從以下三個動作當中判斷需採取哪一項動作。

①我方搶先對手拿到球＝把球清掉。

②對手可能先拿到球，雙方不相上下＝不要讓對手拿到球。

③對手一定會先拿到球＝不讓對手踢出滿意的射門。

當球被踢出的那一刻，我們必須馬上判斷當下的狀況是上述哪一個狀況。

首先，**若自己一定會比對方早碰到球，那就立刻把球清掉**。當然在還有餘裕的狀況下，可以選擇停球並把球傳給隊友，這裡談的是沒有餘裕的狀況。

清球的原則是「把球踢回原來的方向」。

雖然把球往己方前場的方向踢比把球踢回邊線更為理想，但是**球從邊線傳過來時，若往90度角的方向踢容易發生失誤**。這是因為必須橫向擺動踢球腳的關係，接球時的觸球位置僅剩一個「點」，這使清球動作變得相當困難[1]。

1〔譯註〕如果把球踢回邊線，那就是腳背可以接觸到整個球；但如果要橫踢到前場，就只能踢到一個點。

守備愈踢愈好的岩政語錄 3

「小心重心向後！」

清球失誤導致烏龍球，通常都在重心向後的狀態下發生。重心在前方時，即使無法用腳清球而變成胸停球，球還是會滾落在身體前方。但是如果重心在後方，球就不會落在身體前方了。因此請務必保持重心向前！

清球時把球踢回傳中球原來的方向

清球的原則是「把球踢回原來的方向」。雖然把球往己方前場的方向踢比把球踢回邊線更為理想，但是由於把球往90度角的方向踢容易發生失誤，因此務必謹慎處理。

LESSON 13

如何防守傳中球❷
清球的原則

出腳清球時需留意觸球的位置

解圍傳中球時，不要只是揮動踢球腳，請留意觸球的位置，嘗試接住球「面」之後，再把球踢回原來的方向即可。即使清球之後，球出界成為敵方的邊線球也沒有關係。不過在仍有餘裕的狀況下，你可以**在衝擊的瞬間只用腳踝將球踢出**，這樣就能把球踢往前場，而非球飛過來的方向。這麼一來，球的軌道就改變了，成為一顆弧線球。觀賞英格蘭足球超級聯賽（Premier League，簡稱英超）時，經常看到類似的踢球風格。弧線球的踢

英超式的清球術

接住球的一「面」。若有餘裕，在衝擊的瞬間只用腳踝將球踢出，球就會往前場飛出而非返回原本的方向。

頭球解圍時也一樣往原來的方向頂回

在近角或中央區域防守時，首先接住球的一面並將球往飛來的方向頂回，這樣就不容易發生失誤。

法不僅不會出界，其傳球軌道對前鋒來說也可以更輕易接到這顆球。

頭槌解圍時也一樣，需用頭球的方式把球往原來的方向頂回。在近角或中央區域防守時，首先接住球的一面並將球往飛來的方向頂回。若仍有餘裕，在衝擊的瞬間稍微改變球的角度也很關鍵，不過若在遠角的位置防守，就有必要採取較為不同的應對方式。

CHAPTER 2

守備的技術 完全圖解 1

清球的訣竅

○ 良好的姿勢

踢球時只要維持重心在前，即使沒有踢到球，球也會滾落身體前方。

用身體的正面接球，清球時重心靠前

先前曾經提到，傳中球飛過來時，在沒有餘裕調整的狀態下，把球往原來的方向踢回是清球的原則，但是務須留意清球時身體的重心位置。

應對傳中球，如果一開始就想著要把球回踢到前場，那麼踢球的那一瞬間，你很可能處在重心向後的狀態，因而提高球向後滾甚至不小心破門成為烏龍球的風險。解圍傳中球，只要正面朝向球，然後把球踢回原來的方向，就能維持重心在前完成清球動作。這麼一來，即使沒有踢到球，球也會滾落在身體前方。

如果想要把球清往前場，請依照本書54頁所述之方式，在衝擊的瞬間只用腳踝將球踢出。

✕ 不好的姿勢

重心靠後時若試圖踢球，球往後方滾的風險就會提高。

LESSON 13

如何防守傳中球❷ 清球的原則

遠角解圍需要把球往飛來的反方向清出

我們在遠角防守時，先說明頭球解圍的方式，也就是**把球往飛來的反方向以頭球頂出**。這是因為如果把球往飛來的方向頂回，球反而會回到球門前而造成危險。從遠角飛過來的球，基本上很難被清出邊線。因此，請**盡量把球清到一個即使對手搶到第二落點也很難射門的角度**吧！

但是**用腳解圍的狀況下**，我們很難把球送往飛過來的相反方向，因此**原則上還是應該將球踢回原來的方向**。因為踢球解圍時，球飛出的距離

頭球解圍時需把球往飛來方向的相反方向頂出

遠角防守並以頭球解圍時，必須把球往飛來方向的相反方向頂出。請盡量把球清到一個即使對手搶到第二落點也很難射門的角度。

會遠於頭球解圍，所以不會發生頭球解圍時球反而被頂回球門前的失誤。在**最壞的狀況下，還可以稍微改變觸球角度，採取把球變成角球（corner kick）的方式來解圍**。如果狀況比上述更糟糕，那就不管三七二十一先把球往上踢再說。在球掉到地面之前，至少還有下一次處理球的機會，能為緊急狀況爭取到一點時間。

只要學會清球的原則，基本上就不會再犯錯了，但即使是職業球員，也經常會犯想把球踢到前場而踢空的失誤。**在英超球場上，經常會聽到守門員大喊「WIDE!」的聲音，意思是把球清到球門最小角度的位置，我個人認為就方向性來說，這個指示比「CLEAR!」更加明確**。

POINT

面對傳中球，基本上只要把球往原來的方向踢回即可。但若是頭球解圍，就必須把球往飛來方向的相反方向頂出。

守備的技術

完全圖解 ❷

頭球的訣竅

○ 良好的姿勢

向後確實地
拱起身軀……

看到球飛過來，請確實地向後拱起身軀，再朝球的方向挺直軀幹。這麼一來，就能順利在身體直線上或直線後方，以額頭下方的眉心頂球。為了把身體的力量完全傳遞到球上，也要留心做好後續的隨球動作。

接觸球的瞬間，請確保筆挺的身體線條

在站立的狀態下頭槌，最重要的是在接觸球的瞬間挺直軀幹，用眉心的位置擊球。當身體呈現筆直的一條線，在直線上或直線後方接球，力量就能完整傳遞到球上，可以頂出相當強而有力的回擊球。正確的擊球位置在額頭下方，眉毛與眉毛之間的眉心位置。由於眉骨又硬又平，不僅可以頂出筆直的頭球，也更容易控制頭球的方向。而額頭上方髮際線附近的位置，因為呈現圓弧狀，因此很容易頂出偏軟且沒有力道的球。

假如在直線的前方頂出頭球，身體的力量就很難傳遞到球上，使你頂出一顆軟弱無力的頭球。而且在這個姿勢下頭球，很難以眉心的位置頂到球，要把球頂到目標的位置就更難達成了。

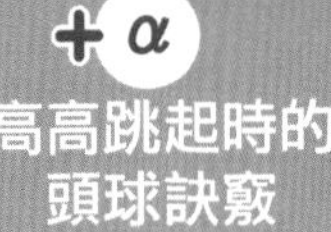

高高跳起時的頭球訣竅

跳得高的訣竅是把雙臂抬高到歡呼的姿勢，然後不要往正上方跳，請往斜上方躍出身軀。此外，若能如圖示一般單腳蹬地起跳，不只能跳得更高，在空中停留的時間也更長。但是這會非常消耗體力，因此請依照狀況明智地搭配運用。

× 不好的姿勢

在身體直線的前方頂出頭球，身體的力量難以完全傳遞到球上，只能頂回一顆軟弱無力的球。此外，這個姿勢很難以眉心頂到球，因此更難將球頂回正確的位置。

LESSON 14

如何防守傳中球❸ 妨礙對手

與對手同時起跳 並碰撞他的身體

鬥莉王選手的球風並不迂迴、相當直來直往，因此他經常在助跑後直接起跳。

應對的方式非常簡單，**只要在他起跳的同時起跳，然後緊貼著對方的身體即可**。即使無法跳得比對方高，只要在對方試圖頂出頭球的時候，使對手的位置產生些許誤差，就能阻止對手的頭球。

我與他一起起跳的樣子，看起來像是在跟他競爭球權，但我的**目的其實並非搶球，而是不讓對手成功頂出**

無法觸球時妨礙對手的方法

❶ 率先來到對手的射門位置

❷ 貼著對方的身體，跟他同時起跳

頭球。假如我們在近點爭搶，球會穿越中央區域往遠角飛去；假如在遠點，球就會直接飛出底線，或至少會掉到一個較為安全的位置。

即使對手一定可以頂到球，你也要**盡可能貼近對方，讓他處於無法舒服射門的狀態，這一點非常重要**。

如果**上述方法皆無法阻止對方射門，那就只剩下擋在對方的射門路線上這個辦法了**。只要趕快擋在射門路線上，還是有封鎖對方射門的機會。

3 不讓對方成功頂出頭球

起跳時，只要跟對方同時起跳並緊貼著對方的身體即可。這樣一來，就能讓對方稍微偏離理想的頭球位置。最重要的是不讓對手在舒服的狀態下射門。

POINT

無法碰到對手的傳中球，就貼著對手妨礙他，不要讓對手在舒服的狀態下射門。

1對1的守備原則 技巧總結

- 從「正面」接近對手是防守的基本。不要拘泥於「內切」「外切」等模糊的防守路線，以確實逼近對手為第一優先考量。
- 理想的做法是以最快速度縮短與對手之間的距離，並瞬間「停止」。
- 在對手出球的瞬間，自己能夠瞬間反應並碰觸到球的距離，就是最適合自己的攻防距離。
- 當球被踢到空檔，察覺對手的跑動路線並先發制人。
- 面對傳中球時，首先消滅後衛與守門員之間的傳球空檔，並調整自己的位置與角度，直到能同時看到球與盯防對手。
- 清球的原則是把球踢回原來的方向。

CHAPTER

3

2對2的守備原則

被對手反擊時，
經常會在邊路遭遇2對2的情形。
在快節奏的現代足球之中，
球員必須依據當下的狀況，
立即做出合理的判斷並採取行動。
因此，事先掌握原則與判斷標準相當重要。
若能確實牢記這些原則，
即使防守與進攻的人數打平，
也能在守備之餘創造奪取球權的機會。

LESSON 15

2對2 阻擊與掩護的原則

一人負責阻擊
一人負責掩護

2對2的守備原則是阻擊[1]與掩護。一個人負責對付持球進攻的敵方球員，另一個人則守在斜後方就掩護位置（如圖1）。只要對手一傳球，立刻對調彼此的職責，原先處於掩護位置的隊友上前負責阻擊對手，另一人則遞補掩護的位置（如圖2）。

然而，如果只是專注在阻擊與掩護的工作，面對球技高超的對手，想要奪取球權依然相當困難。**若想奪取球權，就必須看準時機，從「阻擊與掩護」的基本守勢轉變為更具攻擊性**

圖1 阻擊與掩護的基本位置

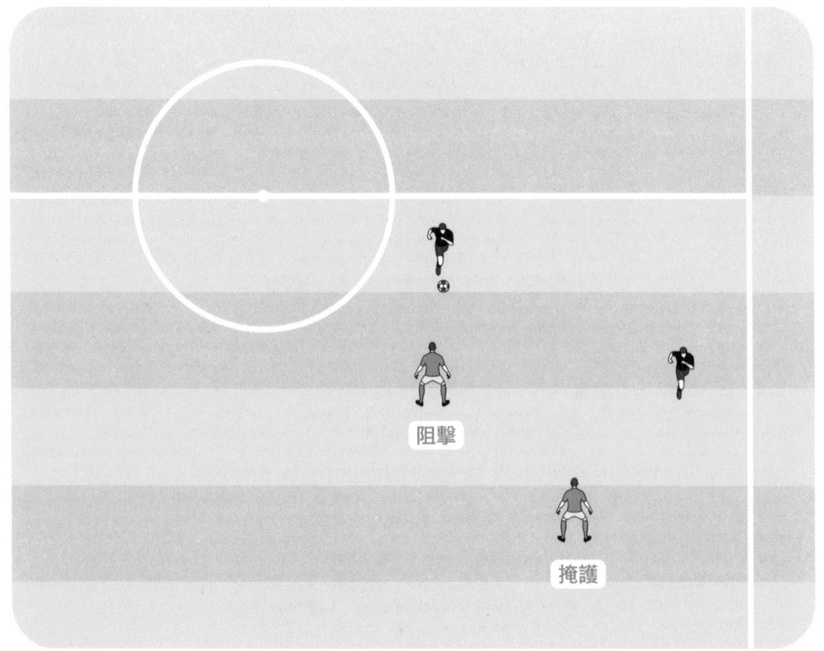

一個人負責持球進攻的敵方球員，另一個人則守在斜後方就掩護位置。

的「阻擊與阻擊」才行。

1〔譯註〕此處原為為challenge，指的是防守球員試圖抄截對手的球，算是在阻擋對手的行動中的主動攻擊作為。

守備愈踢愈好的岩政語錄 4

「不做判斷，只講原則」

判斷是否正確，只是一種結果論。足球雖無正確解答，但有基本原則。正因如此，「每一個行動是否皆為基於原則而做的判斷？」才是我們必須質疑並檢討的重點。我相信有建設性的反面回饋，將是驅使成長的動力。

圖2 只要對手一傳球，立刻對調彼此的職責

只要對手一傳球，原先處於掩護位置的隊友上前負責阻擊，原先負責阻擊的選手則遞補掩護的位置。

LESSON 15 2對2

阻擊與掩護的原則

轉而採取「阻擊與阻擊」的時機

如果原先負責阻擊的球員無法成功接近並壓迫持球的敵方對手，就不可能創造轉而採取「阻擊與阻擊」的時機。**當遭到近身壓迫的持球者往下看（專注於球）的那一刻，就是轉換形勢的時機**。此外，持球者控球失誤時也一樣。**持球者的選擇被限制住的瞬間，就是從「阻擊與掩護」轉變為「阻擊與阻擊」的時機點**（如圖3）。

執行阻擊與掩護時，必須注意的是從阻擊角色轉移到掩護角色時的移動位置。當負責阻擊的球員成功壓迫持球對手，使其將球傳給隊友的那一

圖3 阻擊與阻擊的原則

一旦負責阻擊的球員成功近身壓迫持球者，負責掩護的隊友就能預測對手的傳球路線轉而上前阻擊對手。

瞬間，職責立刻對調，原本負責阻擊的球員必須立刻開始掩護。不過我發現在職責轉換時，原先負責阻擊的球員，經常在球都傳到另一位敵方球員腳下了，才開始往掩護的位置移動。這樣職責切換的速度實在太慢了。

只要對手一傳球，請馬上往傳球方向踏出一步（如圖4）。這個動作可以幫助你更順暢地移動到掩護位置。只要朝著對手出球的方向快速邁出一步。無論後續是進入掩護位置，還是轉為阻擊與阻擊的陣形，這一步都能幫助你迅速進入下一個行動。

光是習慣這個動作，就能提高「阻擊與掩護」的防守強度，更能進一步提升球隊整體的防守強度。

圖4 踏出重要的一步

阻擊

掩護

在對手傳球的瞬間，朝傳球方向踏出一步後進入掩護位置，就能更快速地採取行動。

LESSON 15

2對2

阻擊與掩護的原則

首先要注意被縱向過人的風險

負責上前阻擊持球者的己方球員，有可能被對方巧妙閃躲開來。但是如果負責阻擊的球員遲遲無法接近對手，後續也不可能轉而發起可能奪取球權的「阻擊與阻擊」之攻勢。若要盡可能地接近對手，如何評估有無被閃避過人的風險？

假設對手可能縱向過人或朝向中路過人，那麼哪一個方向被對手成功閃避也不致釀成大禍，就是唯一需要考量的重點。雖然不希望被閃避過人，但只要試圖轉守為攻，風險也會伴隨而來，因此必須思考哪一個風險可能造成的傷害較小。**基本上，通常不要被對手縱向過人是比較好的選擇**。我們以阻擊與掩護的架構進行防守時，經常以【圖5】的移動方式來防止對手帶球突破。

然而實戰上，只要對手的速度夠快，負責掩護的隊友很可能來不及掩護而導致【圖6】的狀況。

就這類型的狀況來說，當**負責阻擊的防守球員上前接近持球者，若能至少守住縱向路線，即使對方帶球往中路突破，至少仍維持兩位防守球員都能上前阻擊的形勢，易於重振旗鼓**。由於這是防守球員易於轉而採取「阻擊與阻擊」的情形，因此接近對手的關鍵，就是絕對不讓對手有縱向突破的機會（如圖7）。

另外還有一個關鍵，就是**在執行阻擊與掩護時，掩護球員一定要適時地發出「聲音」**。

毫不誇張地說，掩護球員只要發出聲音就好，不管發出什麼樣的聲音都可以。「ＯＫ」也好、「嘿！」也好，或是「嗨」也可以。重要的不是說什麼，而是發出「聲音」這件事。透過這個聲音，負責阻擊的選手就能判斷自己與隊友之間的距離。

如果沒有聲音做為依據，阻擊球員就很難判斷自己需阻擊持球者到什麼時候，也不知道自己需追逐持球者到哪一個位置才能與隊友配合得更好。當防守球員已經停下腳步，並站在定點就防守位置的情況下，當然負責阻擊的選手也能自行觀察周遭來了解場上的情況。但是若阻擊球員正遭受反擊，或是陷入任何無法確認周遭的狀況，此時位於掩護位置的選手所發出的聲響將成為救命稻草（如圖8）。

阻擊的風險管理

圖5 這是阻擊與掩護的典型案例……

理論上，若阻擊球員被對手帶球突破，掩護球員會負責補位防守，而一開始負責阻擊的球員會遞補掩護的位置。

圖6 然而實際上也有來不及的時候！

對手成功縱向突破時，就可能發生掩護球員來不及上前防守、敵方球員澈底擺脫防線的狀況。

圖7 首先，澈底消除被縱向突破的風險

即使對手往中路突破，掩護的球員也還來得及防守。並且兩位防守球員也更容易重整旗鼓，再次回到阻擊的架構。

圖8 只要發出聲音，就能提升守備力

透過掩護選手發出來的聲音，有助於阻擊選手判斷自己與隊友之間的距離。

LESSON 16

2對2

疊瓦式進攻的防守方法

1對1或交接防守的二擇一選擇題

面對對手的疊瓦式跑位（overlap），可以採取的守備方式有兩種，**徹底執行1對1盯防，或是交接給下一個防守球員**。就個人喜好來說，因為我不希望球員的位置變得凌亂，因此較偏向交接防守，不過兩者的取捨只要依球隊的判斷即可。

若要貫徹1對1盯防，**防守敵方持球者的球員需持續與其對峙，即使敵方另一位進攻球員的跑位超越持球者，也需由原先盯防他的防守球員持續緊追在後**（如圖9）。

若採取交接防守，**原先防守敵方持球者的己方球員必須在敵方另一位進攻球員超越持球者時，改為防守那位超越持球者的球員；而原先盯防該名超越持球者球員的己方隊友，則需改為盯防敵方持球者**（如圖10）。

若執行交接防守，交接的時機至關重要。原本防守敵方持球者的球員，轉為盯防由後插上的疊瓦式進攻球員的**時機，就在該球員即將經過自己面前的時候**（如圖11）。在這個局面之中，雖然攻防雙方的局勢是2對2，但是我們必須將這個瞬間視為攻防2對1的防守劣勢。

因為我方的防守球員若是沒有及時跟上超越持球者的進攻球員，就等於容許對方突破自家的防守（如圖12）。因此，務必留意不得被敵方由後方插上的進攻球員擺脫，是此處防守的第一要務。也因為如此，在交接防守時，可能因此導致敵方持球者較長時間無人盯防，此時請**務必以防範對手的縱向突破為優先**。

圖9 貫徹1對1防守

1對1防守時，防守球員不需改變盯防對象；敵方執行疊瓦式進攻的球員超前時，也由原來的防守球員持續盯防即可。

圖10 執行交接防守

執行交接防守時，原先與持球者（Y）對峙的後衛（A），需在被由後方插上的進攻球員（Z）超越之前，改為盯防該進攻球員（Z）。而原先盯防疊瓦式進攻球員（Z）的己方防守球員（B）則需接手持球者（Y）的盯防工作。

圖11 防守交接的時機

當對手（Z）超越（Y）的瞬間，就是防守交接的時機，（A）需在此時改變盯防對象緊追上（Y）。此時，（A）雖陷入以1擋2的防守劣勢，他的第一要務仍是阻止對方往己方後場縱向突破，而非等待（B）的到來。

圖12 防守交接的時機

如果（A）站在原地等待隊友（B）跑到位，就會被越過（Y）的（Z）甩在身後。請務必以防範對手的縱向突破為優先。

LESSON 17

2對2

肋部插上的防守方法

把肋部插上的對手趕出禁區

當對手從肋部插上（underlap），遠比疊瓦式跑位的對手更難對付。

由於敵方進攻球員從這個位置插上時，在邊路防守敵方持球者的己方防守球員，不可能注意到在自己背後插上的敵方進攻球員，因此不可能像面對疊瓦式進攻時一樣採取防守交接的方式。**當敵方從肋部進攻，不應執著於2對2的局面，從球隊的角度事先擬定額外加入一位後衛的防守方針，才能成為致勝關鍵**（如圖13）。

對守備方來說，會構成威脅的肋部插上進攻，都是在球門附近的位置。**敵方球員肋部插上的位置如果是在中場附近，通常不會造成太大的問題**（如圖15）。

可是同樣的進攻戰術若在球門附近執行，情況就不同了。這是因為在四後衛的陣形之中，只要中後衛到其他位置幫忙掩護，就會導致中間區域的防守厚度被削弱。正因中後衛通常是空戰能力強且門前防守能力卓越的球員，所以我方必須**盡量避免球門前只剩一個中後衛的狀況**（如圖15）。

類似的問題不會發生在三後衛（五後衛）的陣形當中。只要三位中後衛之中，距離球最近的球員前去盯防從肋部插上的進攻球員即可[1]。由於肋部插上戰術已經成為現代足球的主要進攻手段之一，因此轉向五後衛陣形的球隊也變得愈來愈多。

在四後衛的陣形當中，若要防守肋部插上的敵方球員，除了中場球員緊追在後這個方法之外，就只剩中後衛出來掩護一途。假如靠中後衛掩護，雖然可以讓一位中場球員退至防線，暫時組成五後衛的陣形，但是無論如何，**球隊終需針對肋部插上這樣的進攻方式擬定全隊一致的防範手段**。

無論場上狀況如何，防守肋部插上的關鍵都取決於後衛面對敵方持球者的站位。**一旦發現對手想從肋部插上打進攻配合，後衛就必須調整站位，封鎖持球者與敵方插上球員之間的直線傳球路線**。由於從肋部插上的進攻球員將在後衛[2]身後嘗試突破防線，因此一旦對手從肋部插上，就要立刻出聲通知隊友。後衛之所以要阻斷持球者與插上球員之間的傳球路

圖13 擬定防守肋部插上的戰術

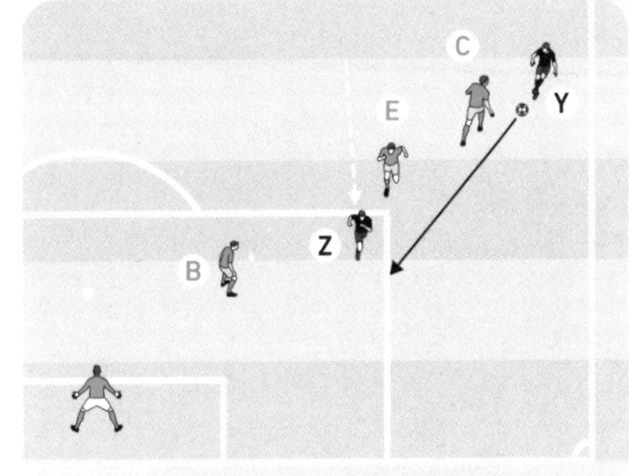

敵方的進攻球員從肋部插上時，由於防守持球者（Y）的後衛（C）看不見背後的狀況，因此不可能與隊友交接防守。球隊必須事先決定該由哪一位球員來盯防攻入禁區的對手（Z）。

圖14 如何應付中場的肋部插上進攻

身處中場的對手（Z）從肋部插上時，位於右側的中後衛（B）上前協防。由於中場球員（E）也緊追在後，因此可以在對手插上後夾擊並奪取球權。

線，是因為希望逼迫對手盡量偏往邊線的方向傳球。這麼一來，不僅能阻止敵方往球門方向打出斜線傳球，更能迫使肋部插上的球員往邊線移動，為球隊爭取到更多反應時間。【圖16】的這個案例，我相信即使中後衛不上前掩護，球隊也能應付得過來。

1〔譯註〕在三後衛跟五後衛的陣形當中，左右還會有兩個邊後衛或邊中場，所以中後衛不用到邊線附近掩護，但是四後衛可能只有兩個中後衛，只要其中一個離開門前，就會造成門前只剩一個中後衛的狀況。

2〔譯註〕防守持球者的那個後衛。

圖15 肋部插上的防守敗筆

一旦中後衛（B）被肋部插上的敵方球員釣出防線，就會導致中間區域的防守被削弱。

圖16 肋部插上的防守鐵則

只要防守持球者（Y）的己方球員（C）的站位可以封鎖斜線傳球路徑，就能迫使從肋部插上的對手（Z）往邊線移動。

LESSON 17

2對2

肋部插上的防守方法

肋部插上交給中後衛防守的基本原則

若由中後衛負責掩護，時機仍會是此防守方式的主要關鍵。假如防守時機過早，不僅中央的防守強度降低，更可能導致被進球的危險。因此中後衛在面對由肋部進攻的敵方球員時，很難掌握有效的防守時機。另一方面，如果防守的時機過晚，也會被對手抓住空檔，導致難以挽回的後果。此外，在正確的時機做出停止追擊對手的判斷也至關重要。**只要斷定敵方邊線球員不會傳球給肋部插上的進攻球員，就要盡速停止追擊並回防中央區域。**即使敵方邊線球員在此時傳球給插上的球員，他也已經處在越位位置了（如圖17）。

不過需要注意的是，如果決定停止追擊並回防的時機過晚，身後的隊友很可能會後撤防線，此時那位插上的敵方進攻球員有可能還不在越位位置上。因此，**面對從肋部攻過來的敵方球員，盯防的時機不能太晚，但太早離開防守位置上前盯防，又會延長追著對方防守的時間，導致其他層面的問題**（如圖18）。

順帶一提，不只限定防守肋部插上的狀況，這種為了讓對手處於越位位置而製造的陷阱，**一般稱為「越位陷阱」，但我個人認為最好廢除這樣的說法**。因為在球場上，幾乎不會發生想讓對方被抓越位就能心想事成的狀況。只有在防守肋部插上的狀況下，中後衛為了防範對手而上前盯防，若此時敵方不傳球，中後衛就會立刻回防中央，才剛好造成了敵方球員處於越位位置的結果。也就是說，製造越位並非該名中後衛一開始採取行動的目的。

先前也曾經提到，**中後衛上前幫忙掩護時，可以讓一個中場球員後撤，組成一條暫時的五後衛防線**。遇到這種狀況時，到底該由哪位中場後撤到防線上，如果球隊能事先決定好人選將會更加妥當（如圖19）。

圖17 中後衛負責防守肋部插上的方法

將從肋部插上的敵方進攻球員（Z）交由（B）來盯防。但是，一旦發現敵方不會傳球，立刻停止追擊並回防，使對手（Z）處於越位位置。

圖18 留意後防線上的漏洞

如果花太多時間追著對方防守，背後的隊友（A）很可能後撤，這將導致我方無法使對手（Z）處於越位位置上。或者，假如隊友沒有後撤，只有（B）後撤到更深的位置，將使後防線出現漏洞，造成被打空檔的危機。

圖19 中後衛負責掩護時，需事先擬定的對策

中後衛（B）離開中央區域前往邊線方向防守時，中場（E）後撤加入防線，暫時變陣為五後衛的陣形。

LESSON 18

2對2

對手切入的防守方法

負責掩護的球員判斷與行動是守備關鍵

對手帶球切入時，守備的關鍵在後方位於掩護位置的球員身上，該球員的判斷與行動將舉足輕重。

舉例來說，敵方準備從守備方的右側切入禁區時（如圖20），**一定有其他球員負責突破防線，這一點務必多加留意**。

當敵方球員突破到防線內側，防守重點在於看到對手動向的球員一定要跟上盯防（如圖21）。

對手突破防線的瞬間，不要遲疑，立刻跟上並盯緊對方，不過**一旦確定敵方不會傳球到這個位置，請盡快停止追擊並返回後防線**。為了避免後防線在沒有必要的狀況下後撤，有必要迅速返回防線之中。

當球脫離持球者的控制，且球沒有被傳到所在位置，就是停止追擊的時機。若對手橫傳也一樣，立刻停止追擊並回到防線上（圖22）。

1〔譯註〕應是指防線上的球員盡量讓對手在自己的後方，就等於是把對手放在越位位置上。

守備愈踢愈好的岩政語錄 5

「保持對手在自己的身後」

如果你為了監視對手，一直讓對手處在自己的身前，後防線就會不知不覺地愈撤愈深。保持對手在自己的身後也是一種好時機[1]，只要了解到這一點，就能將防線壓得更靠前。

圖20 對手切入時的防守原則

對手帶球切入時，不僅要防範對手伺機射門，還要留意突破到後防線內側的對手（X）。

圖21 被突破防線時的防守方法

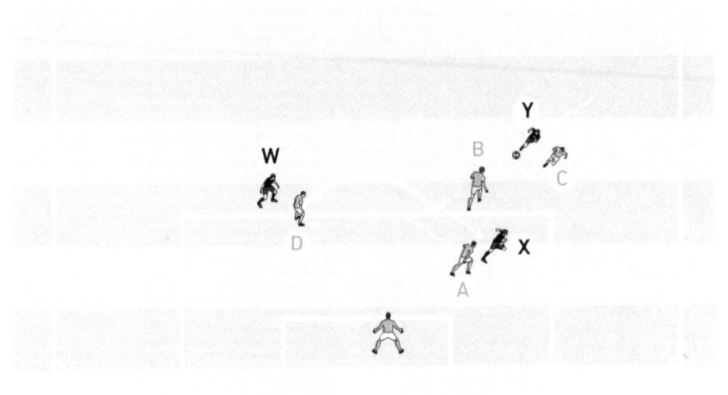

對手（X）突破道防線內側時，需由可以看到對手動向的後衛（A）跟上盯防。

圖22 放棄盯防的時機

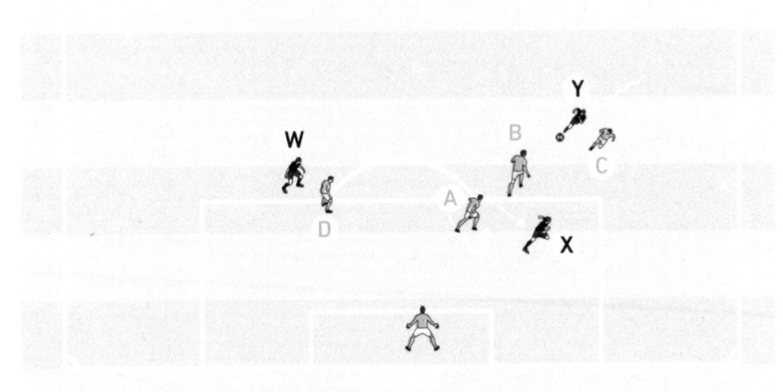

當球脫離持球者（Y）的控制，且（A）判斷球不會傳過來，（A）需立刻停止盯防（X）並回到後防線上。

LESSON 18

2對2

對手切入的防守方法

有意識地防範切入禁區的射門

當敵方球員帶球切入並來到禁區內，防守球員應該將注意力轉為防止對方射門，而非後撤防線。此時，即使有敵方球員突破到防線內側，也不用去盯防他了。這是因為一旦球傳到他腳下，就進入守門員的防守範圍了。

防守敵方的內切射門需要兩個防守球員，一個在近柱封鎖射門路徑，另一個負責遠柱那一側。而瞄準中間的射門，就交給守門員吧！（如圖23）

後衛沒有必要勉強站在球門正中

圖23 當敵方切入並進到禁區的防守方式

①不需理會突破防線的對手（X）。
②一人（B）負責近柱、另一人（A）負責遠柱，封鎖近角與遠角的射門路線。
③瞄準中間的射門就交給守門員。
④後衛勉強站在球門中央會增加守門員的視線死角，請務必留意。

央的位置。若盯防的時機已過，你仍為了防止對方射門擋在球門正前方，不僅會擋住守門員的視線，還有可能空出胯下到遠角或近角的射門路線，反而被對手踢出穿襠射門。利用兩名後衛阻擋近角與遠角的射門路線，剩下的就交給守門員處理，是較為安全的做法。當然，如果還有機會阻止射門，你還是可以選擇從正面抵擋，但**若已到了最後關頭，只要貫徹讓兩名後衛徹底封鎖近角與遠角的射門路線，加上守門員在內的三人協防防守思維**即可。

限制射門路線的鐵則

踢向近角與遠角的射門路線應澈底封鎖

若已來不及盯防，最有效的防守方式是貫徹讓兩名後衛澈底封鎖近角與遠角的射門路線，加上守門員在內的三人協防防守思維。後衛不要因為著急就站在球門正前方，這麼做反而會增加守門員的防守死角。

守備的技術完全圖解 3

封鎖射門的訣竅

良好的姿勢

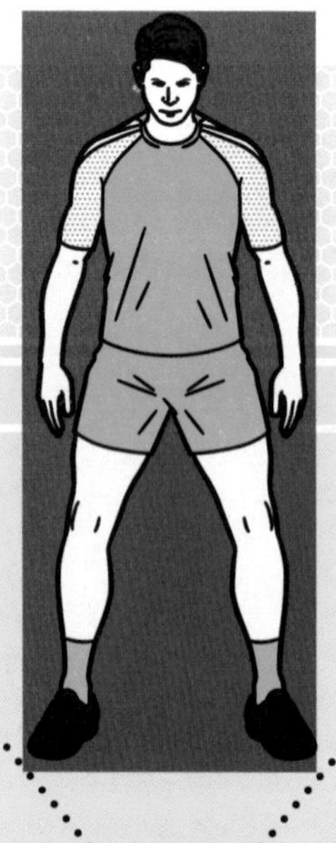

確定可以阻斷所有射門路徑時，直接站在球的正前方，把全身化為一堵牆來封鎖對方的射門。這個方式可以最大程度擴展能夠遮擋的面積。

把自己的身體想像成一道牆，窄化對手的射門路徑

封鎖射門的基本原則是把自己的身體想像成一道牆。若你確定可以阻斷所有的射門路線，請直接站在球的正前方。我發現很多時候防守球員會在對手射門的那一瞬間把身體轉向側面，但是這樣會導致身體的面積變小，反而為對手製造出射門路線。

但是，若遭遇無法阻斷所有射門路線的狀況，就需採取不同的防守策略。例如第83頁圖示的狀況，如果已經來不及，不要勉強站到正前方阻擋，應該切換防守思維，僅針對特定的射門路徑做重點防守。

此外，如果遇到中距離射門等離球有一段距離的狀況，站在正前方防守反而會遮擋到守門員的視野。因此選擇阻斷其中一邊的射門路徑，對守門員來說也會更好處理。

✕ 不好的姿勢

貿然出腳或是滑鏟突入射門路線等動作，都會使身體傾斜，導致露出斜上方的一大片空間，反而為對手製造出射門路徑。不過，如果對手在離自己很近的位置射門，就需透過出腳阻擋或滑鏟防堵下方射門路徑等方式來封堵對方的射門。

LESSON 19

2對2

反擊的防守方法

將2對2化為2對1的最強反擊對策

在中場附近面對2對2反擊時，與其他狀況相同，最重要的是**設法將「阻擊與掩護」化為「阻擊與阻擊」**（如圖24）。

為此，關鍵在於防守敵方持球者的球員如何阻斷對方的傳球路線。在中場區域的2對2局面中，我們幾乎可以完全預測出另一位敵方球員（非持球者）的跑動方向。由於**未持球的敵方球員會朝斜前方跑動，因此負責防守持球者的防守球員需擋在兩者的傳球路徑上，以妨礙對手的傳球。根據我個人的經驗，另一位未持球的敵方球員有99%的機率將依此方式參與進攻**（如圖25）。

因此只要封鎖這條縱向的傳球路徑，持球者發現無法順利傳球，就會**嘗試以帶球過人的方式進攻。就在這個瞬間，原本負責掩護的防守球員立刻轉向試圖帶球過人的敵方球員，將戰術切換為「阻擊與阻擊」，局勢也因此由原本的2對2被我方扭轉為2對1**（如圖26）。

守備愈踢愈好的岩政語錄 6

「危機應對能力＝隨時準備好的能力」

危機應對能力，指的是為危機做好準備的能力。因為危險的情境，往往發生在電光石火的一瞬間。危機不會給你發現「好像有危險」再應付的時間。因此，隨時提醒自己「可能發生危險」並為可能的危機做好準備，是相當重要的關鍵。

圖24 中場區域2對2反擊的應對技巧

從「阻擊與掩護」的原則開始。

圖25 未持球敵方球員的跑動方向

未持球敵方球員（Z）十之八九會往斜前方跑動。

圖26 將局勢由2對2扭轉為2對1，以「阻擊與阻擊」回應對手的進攻

負責防守敵方持球球員（Y）的己方球員（B），只要阻斷縱向的傳球路徑，誘導對方帶球往中路移動，負責掩護的球員（A）就能轉向（Y），將局勢由2對2扭轉為2對1。

LESSON 19

2對2

反擊的防守方法

後衛之間要默契一致、互相配合

持球者正在運球跑動時，球滾動離開腳下的瞬間，也是從守勢切換為「阻擊與阻擊」的好時機。由於對手不可能在那一瞬間傳球，因此**負責掩護的球員就能在這個瞬間切換為阻擊模式。只是若想在這個瞬間轉守為攻，將局勢扭轉為2對1，後衛之間就必須擁有絕佳的默契**，我自己只有在鹿島鹿角隊與大岩剛選手搭檔時能夠辦到。若以時間來計算，我們要把握的是不到一秒的時機，因此若兩名後衛之間沒有「就是現在」的默契，就很難掌握這個時機。

圖27 敵方的接球者向外圍跑動時

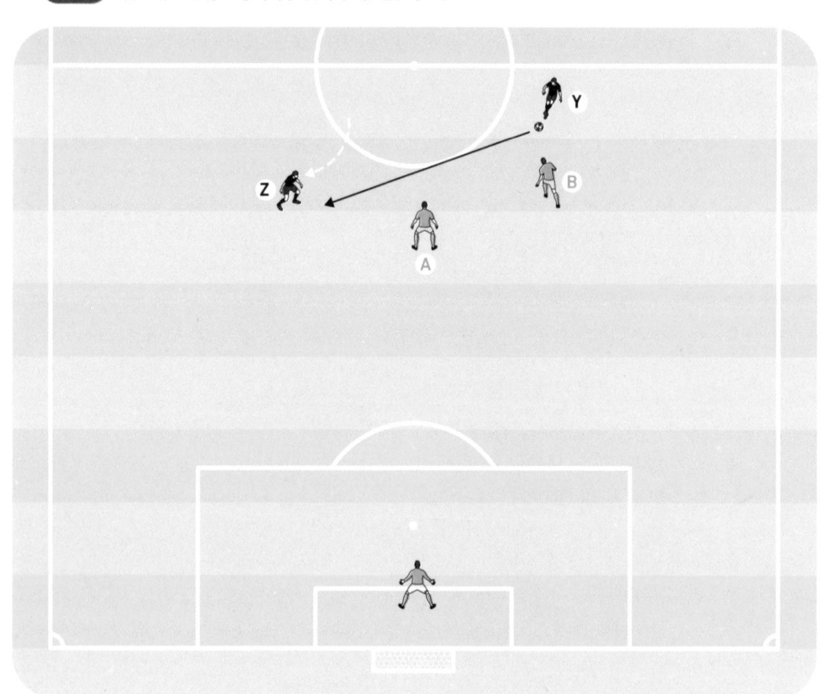

若未持球的敵方球員（Z）向外圍跑動，即使接到傳球，負責掩護的己方球員（A）仍有足夠的時間應對，因此危險的程度相對較低。

正如上一節所述，未持球的敵方球員幾乎都會朝著斜前方跑動，因此，面對敵方持球者的防守球員應盡量限制對方的運球速度，同時封堵縱向的傳球路線。負責掩護的球員只要記住行動順序並執行即可。首先必須跟緊往斜前方移動的進攻球員，一旦確定持球者不會傳球過來，就立刻停止後撤將對方留在越位位置上，自己則轉向持球者，製造2對1的局勢。

假如未持球的敵方球員朝向外圍跑動（如圖27），即使他接到傳球，負責掩護的防守球員仍有足夠的時間應對，因此不會釀成大禍。如果遭遇這個狀況，只要遵守阻擊與掩護的原則，沉著應對即可。

圖28 對手向外圍跑動時就採取阻擊與掩護

若遭遇如圖27所示之狀況，立即依照阻擊與掩護的原則應對。在這裡（A）轉為負責阻擊，（B）則改為掩護。

LESSON 20

2對2

撞牆配合的防守方法

採取跟一般阻擊與掩護完全相反的行動

若要防守球門附近的撞牆配合（One-two），**首先最重要的關鍵是察覺到對方正在執行「撞牆配合」**。這是因為**防守撞牆配合的動作和一般的阻擊與掩護正好相反**。

負責防守持球者的球員，其行動原則是「朝著對方傳球的方向踏出一步」，這一點已經在狙擊與掩護的章節之中解釋過了。只要這麼做，負責防守持球者的防守球員，就能順暢地從阻擊的角色轉為掩護的角色。**即使敵方球員在球門附近打出撞牆配合，**

圖29 傳球距離較長的撞牆配合

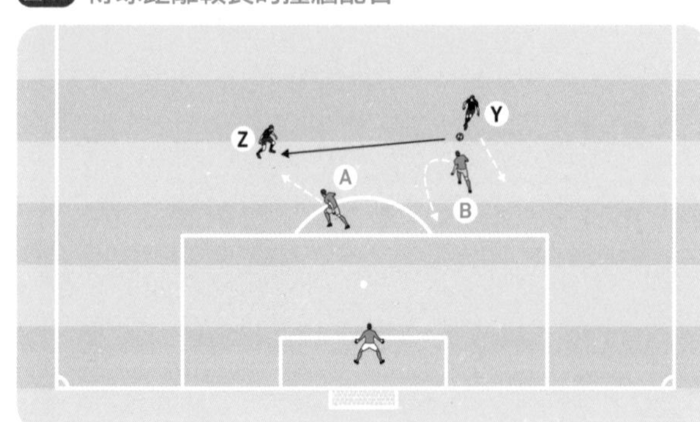

防守持球者的球員（B）採取的行動是「朝著對方傳球的方向踏出一步」，與一般原則相同。

圖30 傳球距離較短的撞牆配合

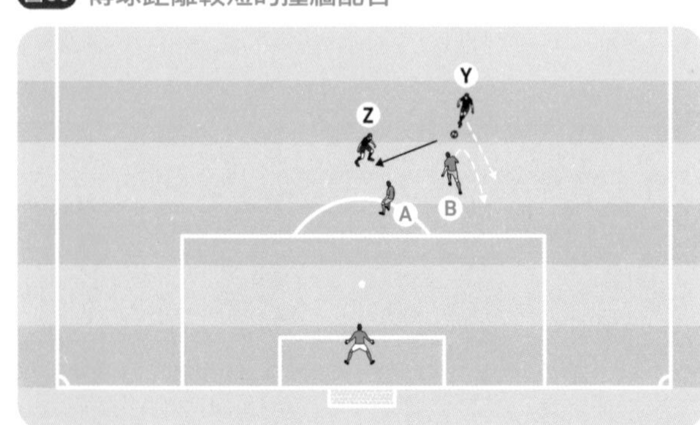

一旦預測持球者將與（Z）打出「撞牆配合」，（B）就要往對方傳球來向的反方向移動。

只要傳球的距離較長，依據一般阻擊與掩護的原則執行防守是沒有問題的（如圖29）。

但是，當進攻方的兩位球員之間距離很近，若仍按照一般原則往對方傳球的方向踏出一步，就會來不及盯防往自己身後跑動的對手。因此**只要預測到「這是一個撞牆配合」，就必須往對手傳球來向的「反方向」移動**（如圖30）。

也只有在遇到撞牆配合的時候，可以不遵守阻擊與掩護的基本原則。除了撞牆配合之外，都需依照基本原則行動，因此才要用身體記住原則，讓身體自動依照原則行動。正因如此，**突然要身體做出違反原則的舉動也變得相當困難，因此察覺到「這是撞牆配合」，對身體來說是相當重要的訊號**。

面對一傳球就往自己身後跑動的對手，一定要想辦法插入對手的跑動路線。如果太明目張膽地用身體阻擋對手，很可能被判犯規，但若只是張開雙臂妨礙對手的跑動，應該沒有太大的問題。就算真的快被對手甩開了，只要插入對手的跑動路線，還是可以把對手從最短距離的跑動路線上擠出去（如圖31）。

圖31 把往身後跑動的選手向外擠

當（Y）往身後跑動，（B）就要插入對手的跑動路線，把（Y）從最短距離的跑動路線上擠出去。

POINT

防守在球門附近、傳球距離短的撞牆配合，必須先預測出對手要打撞牆配合，然後往傳球來向的反方向移動。

LESSON 21

2對2

把1對2化為2對2的防守方法

人數劣勢時意外地容易防守

正式比賽時，防守球員經常會陷入人數劣勢的1對2狀況。雖然**將情勢由1對2扭轉為2對2是處理這個狀況的關鍵**，不過出人意料的是，這種人數劣勢的狀況卻比想像中更加容易防守。

這是因為**敵方在擁有人數優勢的情況下，大多喜歡傳出一記撕裂防線的漂亮傳球，傳球路線也因此變得更加容易預測**。畢竟身邊還有一個無人盯防的隊友，所以反而不會選擇帶球過人[1]。因此**就防守方的角度來看，**

圖32 1對2的防守方式

面對人數劣勢的狀況，首先必須守住位於危險位置的對手。如圖示狀況，（A）應該盯防的對象是距離自家球門更近的（Y）。

某種程度上也能讀懂對方的心思[2]。此時請盡量拖慢對手的傳球時間點，只要隊友可以在這段時間內回防，就能將局勢扭轉為2對2。

己方處於人數劣勢時，代表一名防守球員必須處理兩個進攻球員。這個時候，**一定要守住位於較危險位置上的進攻球員，也就是離己方球門最近的那個敵方球員**。防守正在帶球進攻的進攻球員時，需維持一定距離（如圖32），只要對方一傳球給另一位無人盯防的球員，立刻改盯那位球員，但是務必卡在不讓接球者輕易突破自己的位置上（如圖33）。

1〔譯註〕因為還有一個沒被盯上的隊友，所以傳球跟過人相比是更合理的選擇。

2〔譯註〕指知道會傳球。

圖33 率先卡在不會被突破的位置上

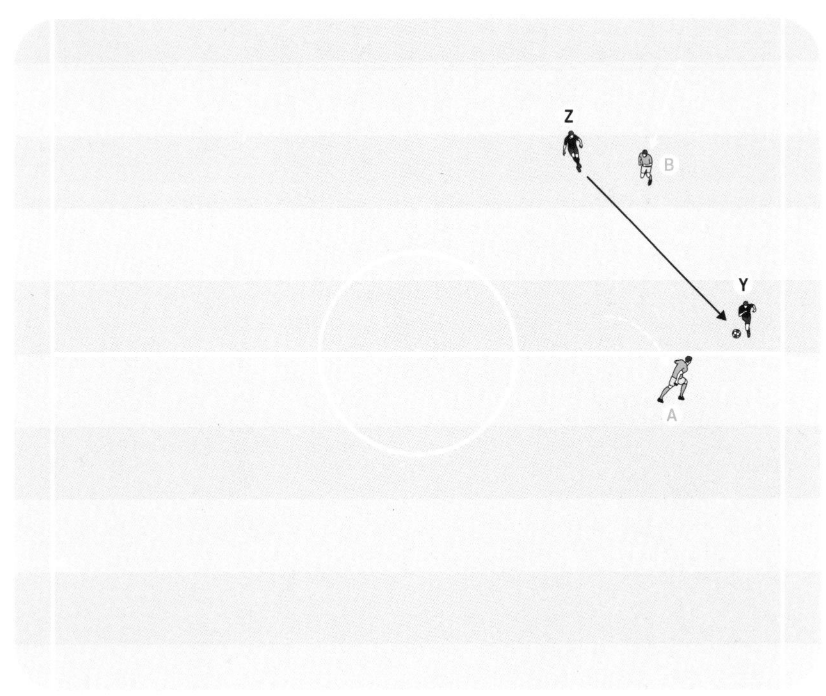

（Y）接到球之後，（A）必須卡在不被（Y）突破的位置上。

LESSON 21

2對2

把1對2化為2對2的防守方法

牢記三個重點 再嘗試「阻擊與阻擊」

是否能將局勢由1對2扭轉為2對2，取決於能否牢記以下三個重點。

①對手切入時需「回撤協防」。

②只要傳球就上前壓迫。

③對手把球往身後帶時，兩個人一起包夾他。

如果只顧著盯人，沒有牢記上述三個重點，最終也只是維持1對1的狀態罷了。反之，只要把這三個重點牢記在心，就更容易由「阻擊與掩護」切換至「阻擊與阻擊」，提升全隊整體的守備強度。接下來，將針對這三個重點逐項說明。

在【圖34】的狀況當中，**為了防範對手帶球往中路切入，隊友已經完成回撤**，與此同時，請務必出聲提醒在此防守持球者的球員。聽到隊友的聲音，原先與持球者對峙的防守球員就能判斷自己應該嘗試上前阻擊對方，還是以不被過人為第一優先考量。

若持球者傳球，適才回防的隊友將負責阻擊接球的對手。而原本防守敵方持球者的球員則需迅速就掩護位置（如圖35）。

當負責阻擊的選手成功壓迫敵方持球者，且**敵方持球者轉身將球往後帶時，兩個人一起上前包夾對手並嘗試奪取球權**（如圖36）。

POINT

即使處在1對2的劣勢之下，只要把握原則，就能透過「阻擊與阻擊」逆轉局勢。

圖34 對手切入時需「回撤協防」

為了防範對手（Y）帶球切入中路，協防的球員（B）需回撤到阻擊球員（A）的內側這個位置。就定位之後，請務必出聲通知隊友自己已經回防。

圖35 對手一傳球，執行阻擊與掩護

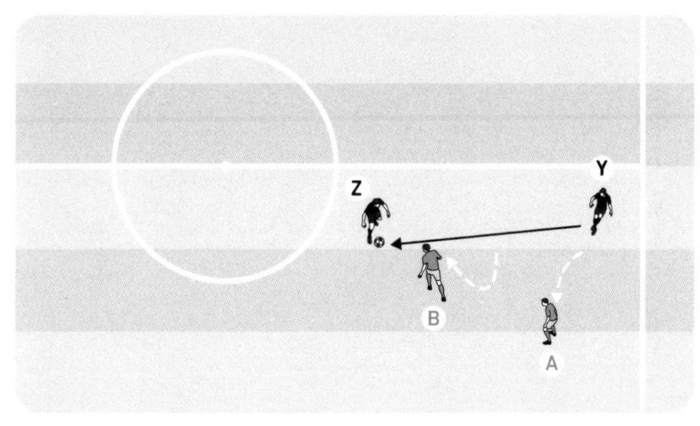

只要對手一傳球，回防的球員（B）負責阻擊，防守原先持球者（Y）的防守球員（A）則需就掩護位置。

圖36 敵方持球者轉身向後時

如果敵方的持球者（Y）遭到己方防守球員（A）近身壓迫並轉身向後時，回防的球員（B）需上前包夾對手。

2對2的守備原則 技巧總結

- 2對2的守備原則是「阻擊與掩護」，但是為了搶斷球權，亦需找尋時機改採「阻擊與阻擊」。

- 持球者遭到阻擊球員近身壓迫並往下看（專注於球）的那一刻，就是改採「阻擊與阻擊」的時機。

- 防守疊瓦式進攻，首重不被縱向突破。

- 防守肋部插上，首先封堵縱向傳球路線，並盡量將對手往外圍驅趕。

- 若敵方已經帶球內切到禁區內，以防堵射門為第一優先。

- 被反擊時，未持球的敵方球員大多會朝斜前方跑動。

- 只要預測對方要打撞牆配合，就朝對方傳球來向的反方向移動。

CHAPTER

3對3的守備原則

3對3攻防大多發生在中場區域。
若是因為隊友的數量多便本能地採取行動，
很可能一口氣陷入危機。
反之，只要堅守原則，
就能讓對手遠離球門，
甚至創造出奪取球權的機會。

LESSON 22

3對3

阻擊與掩護的原則❶

在禁區外五公尺阻擊對手

接下來說明在中場區域的3對3攻防案例。

3對3意外地不難防守。3對3防守的基本原則與2對2防守時相同，首先採取阻擊與掩護的基本守勢，再伺機轉為阻擊與阻擊來奪取球權。如果遇到敵我雙方人數相同，或是我方人數處於劣勢的狀況，首先最重要的是**與禁區保持五公尺左右的距離，盡量拖住對手**（如圖1）。與此同時，隊友很可能就回來協防了。

但是如果回撤太深，很可能導致敵方的中距離射門或最後一腳傳球，所以務必要在禁區外五公尺左右的位置阻擊對手。後續的對應方式則與2對2防守的狀況相同。

只要上前阻擊的球員成功近身壓迫對手，就立刻轉為「阻擊與阻擊」。

若敵方中路的球員選擇傳球（如圖2A），且我方阻擊的球員成功壓迫邊路的對手，負責掩護的球員只要「上前壓迫」，就能防止對手內切並以2對1的人數優勢奪取球權（如圖2B）。

如果負責阻擊的球員無法成功壓迫對手，負責掩護的球員必須馬上就掩護位置，確實執行阻擊與掩護的原則，阻止對手突破防線（如圖2C）。

若是對手剛好在此時把球傳回中路，那就回到原本的狀態。若球被傳到另一側，那就再根據我方另一側阻擊球員的阻擊狀況，判斷到底應該執行阻擊與阻擊，還是阻擊與掩護（如圖3）。

圖1 中場區域的3對3

與禁區保持五公尺左右的距離，盡量拖住對手。

圖2A 當中路的敵方球員傳球

位於中路的對手（Y）傳球給邊路的（Z）時，（C）就成為我方的阻擊球員，負責上前阻擊（Z）。

圖2B 若成功壓迫對手……改採阻擊與阻擊

若（C）成功壓迫對手，負責掩護的（B）只要上前壓迫，就能防止對手內切並以2對1的人數優勢奪取球權。

圖2C 若無法成功壓迫對手……以阻擊與掩護來應對

若（C）無法成功壓迫對手，（B）必須馬上就掩護位置，阻止對手突破防線。

圖3 若球被傳到另一側……

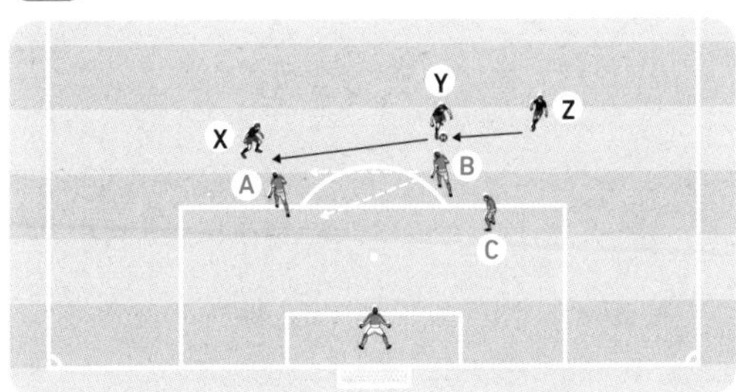

己方球員（A）負責上前阻擊，（B）則視情況判斷應該執行阻擊與阻擊，還是阻擊與掩護。

LESSON 23

3對3

阻擊與掩護的原則❷

負責阻擊的一定是中路球員而非邊路球員

雖說這一節的主題是3對3的防守，不過基本的原則大致與2對2相同。只有一個必須額外提出的重點，那就是「**中路球員負責阻擊**」這一點。

敵方持球者由中路進攻時，理所當然會由中路的防守球員上前防守，但是有時候對手所在的位置可能並不明確（如圖4）。

遇到這種狀況，**常常很容易一個不小心，就讓邊路的球員上前負責阻擊對手**了。因為防守邊路的球員覺得

圖4 誰該上前防守？

對手（Y）從不明確的位置帶球攻過來時，負責上前阻擊的究竟是（B）或（C）哪一位球員？

圖5 如果不小心讓邊路球員上前阻擊⋯⋯

雖說（C）的位置較近，然而一旦（C）上前阻擊，就很容易因為（B）來不及掩護而被突破防線。

自己離球較近，就不自覺地上前阻擊對手，但是這麼一來，萬一敵方的持球者傳球給邊路的進攻球員，我方中路的防守球員勢必來不及掩護，就這樣被對手突破了防線（如圖5）。

所以遇到類似狀況時，務必讓中路球員負責上前阻擊對手。也就是說，**位於中路的球員負責阻擊，位於兩側的球員則各自就掩護位置**（如圖6）。剩下的就依照一般3對3的防守原則來應對即可。

POINT

原則上來說，即使對手由邊路進攻，負責阻擊的仍是中路的球員，而位於兩側的球員則需就掩護位置。

圖6 務必讓中路的球員上前阻擊

位於中路的（B）上前防守、（A）（C）就掩護位置，是3對3防守的鐵則。

LESSON 23

3對3

阻擊與掩護的原則❷

採取合乎邏輯的正確行動而非身體的直覺反射動作

若上前阻擊的球員成功壓迫對手，立刻改採阻擊與阻擊，嘗試奪取球權。反之，若未能成功壓迫對手，則需立刻就掩護位置（如圖7）。

防守中路的選手必須透過日常訓練，讓自己習慣上前阻擊這個動作。事實上，連專業球員都很容易犯這個錯誤。舉例來說，在【圖8】這個狀況當中，由防守邊路的球員上前阻擊，基本上不會產生太大的問題。

但是如果對手的位置在邊路和中路防守球員之間，就**一定要由中路的球員負責上前阻擊**。然而，由於邊路

圖7 成功壓迫則阻擊 不成功則掩護

中路球員（B）上前阻擊（Y）之後，一旦阻擊（Z）的隊友（C）成功壓迫對手，則（B）也轉為阻擊（Z）；但若（C）未能壓迫對手，則（B）需就掩護位置。

守備愈踢愈好的岩政語錄 7

「只要經過判斷，就不存在『錯誤』」

所謂判斷，必須有兩個以上的選項才能成立。若只有一個選項，便不能稱之為「判斷」。所以在足球賽場上，任何經過「判斷」而採取的行動，無論是什麼行動，都必定不會出錯。

的球員距離球相當近，因此很多人會反射性地上前阻擊對手。或許是因為他們認為如果讓中路的選手負責，就會給持球者更多反應時間的關係吧？因此下意識地對這樣的做法產生反感。如果只把注意力放在球上，身體一不小心就會反射性地採取行動。

我們在球門附近防守時，若不反射性地採取行動，很可能幾乎都會導致趕不上的結果；但是另一方面，我們也要學會沉住氣，才能在球場上俯瞰大局。「如果邊路球員上前防守，就會導致防線瓦解」——透過俯瞰圖，上述結果似乎顯而易見，但是在球場上，當我們必須在一瞬間做出判斷，事實上就很有可能發生邊路球員跑去封堵持球者這類的失誤。

「身體的反射動作」與「採取合乎邏輯的正確行動」，若要結合這兩者，唯有訓練一途。靠本能採取行動會犯錯，但是若不反射性地採取行動又會來不及。因此為了讓身體反射性地採取正確的行動，就必須透過訓練，將正確的行動深深烙印在身體記憶之中。**守備若光靠感覺，往往容易出差錯，或許結合理論與感覺，才是成功守備的關鍵。**

圖8 若持球者在邊路可由邊路球員上前阻擊

雖然3對3的守備原則是中路球員負責阻擊，但若持球者在邊路，由邊路球員（C）負責阻擊也沒問題。

POINT

3對3的防守原則是由中路的選手負責阻擊。因此關鍵在於透過日常訓練，讓自己可以反射性地做出正確的行動。

3對3的守備原則 技巧總結

● 如果遇到敵我雙方人數相同，或是我方人數處於劣勢的狀況，只要在禁區外五公尺左右的距離盡量拖住對手即可。然後再從這個位置阻擊敵方持球者。

● 只要阻擊的球員成功近身壓迫對手，就立刻轉為「阻擊與阻擊」。

● 在3對3的情況下，即使對手從稍微靠近邊路的位置攻過來，原則上負責阻擊的仍是位於中路的球員，而位於邊路的球員則需就掩護位置。

CHAPTER

5

全隊的 守備原則

在前四個章節中，說明了可以成為判斷基準的各項原則，
然而身為球隊的一分子，
卻無法僅憑這些原則勝任團隊的守備任務。
根據當下的狀況，身為球隊的一分子應該如何採取行動？
無論採取什麼行動，皆需在實際的沙盤演練後方能執行。
這個章節將針對
「敵方半場」、「中場區域」、「己方半場深處」這三個區域，
說明各區域中的「抄截地點」與「抄截時機」。

LESSON 24

在對方半場的高位壓迫戰術

設定「抄截地點」與對「抄截時機」的共識至關重要

球隊整體應該如何執行守備？根據場上的形勢，可以將守備方式區分為三種，分別是**「在敵方半場內的高位壓迫」、「中場區域的中場壓迫」，以及「在己方半場的退縮防守狀態」**。

接下來的幾節當中，將說明各個區域的防守方式，不過首先作為背景知識，你必須知道**無論處於何種形勢，都存在著合適的「抄截地點」與「抄截時機」**。

所謂的「抄截地點」，談的是我們該在哪裡奪取球權，也就是球隊事先設定好，可以奪取球權的「地點」。另一方面，**「抄截時機」則與地點無關，指的是當我方球員成功壓迫持球者，周遭隊友展開聯手奪取球權的瞬間**。

在考量團隊防守時，當然不免會意識到「抄截地點」，但是若**過於拘泥地點，可能反而忽略了「抄截時機」**，這一點務須多加留意。

接下來，就從高位壓迫開始說起。

執行高位壓迫的先決條件是當我們身處敵方半場，敵方的人數始終保持優勢的狀況，這一點請務必謹記在心。

【圖1】即以敵方從球門球開啟攻

圖1 敵方守門員開始組織進攻

高位壓迫時，對手通常擁有人數優勢。在這個例子當中，可以看到守門員與右邊後衛（2號）正處於無人盯防的狀態。

勢為例。在敵方半場當中，敵方擁有兩名球員的人數優勢，其中一位是場上球員（2號），另一位則是守門員。對手會利用此一人數優勢，試圖將球往前場送。

雖然我方採取高位壓迫的防守戰術，一旦出現被遺漏的敵方球員，勢必無法向對手施加壓力，這將導致我方無法在敵方半場贏得球權，迫使全隊不得不退縮防線。也就是說，**球隊執行高位壓迫時，我方在敵方半場的球員數量不能落於下風，或至少在中場的球員數量一定不能少於對手**。然而，該如何把球員往敵方半場送？是否派出與敵方相同數量的球員？都是需要球隊指示的問題，因此球隊事先做出決策便顯得十分重要。

如【圖2】所示，最常見的做法是在戰術剛開始執行的初期階段，不派人盯防敵方的兩位邊後衛（2號與5號）。

圖2 常見的高位壓迫布陣

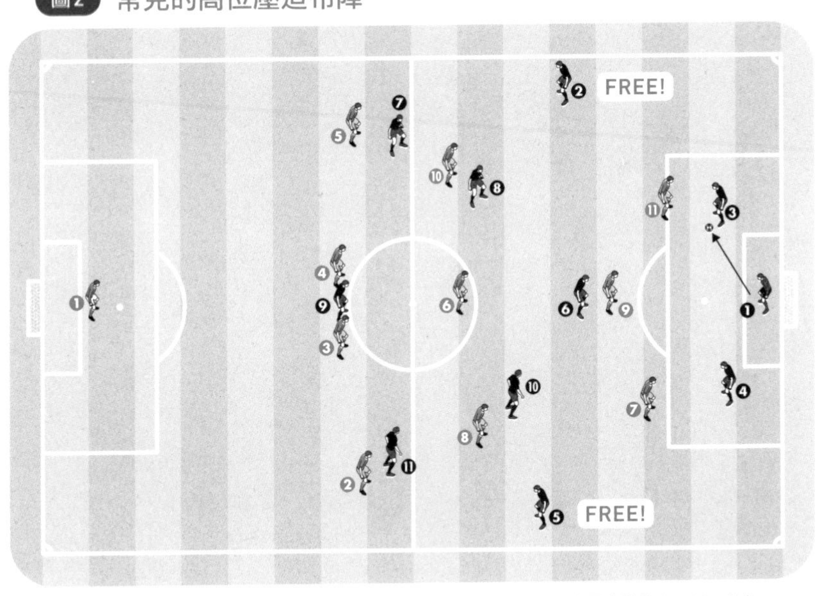

在一開始的初期階段，不派人盯防敵方的兩名後衛（2號與5號）。
※接續下一頁。

被對方擺脫壓迫時……正是延續高位壓迫的關鍵！

雖然我方在戰術初期不會派人盯防對手的邊後衛（2號與5號），一旦球被傳給他們，守備方的邊後衛就要立刻上前壓迫，球隊整體的防守陣形也要跟著往球的方向移動。此時，雖然位於球場另一側的敵方邊後衛（5號）仍無人盯防，但是因為敵方很難只靠一腳就把球轉移到另一側，因此就**實際上來說，形勢變成我方在敵方半場內的球員數量與對方等同+1**（**+1指的是我方6號**）。這裡正是「抄截地點」（如圖3）。

但是不要忘了，**雖然出現了抄截地點，是否能創造出「抄截時機」又是另外一回事**。即使我方的人數已與對方勢均力敵，也創造出了「抄截地點」，但這並不代表球會自動跑到我們腳上。

不如說，**高位壓迫防守時最關鍵的部分，反而是被對方擺脫壓迫時的應對方式**。舉例來說，假設守備方的邊後衛（5號）上前壓迫對手的2號球員，卻仍被對手擺脫。

被對手擺脫之後，全隊是否能夠延續高位壓迫的戰術，或是被迫退往中場區域，都取決於隊伍是否沙盤演練過被擺脫之後的應對方式。根據球隊的特性，此處的應對方式各有不同，但是如果球隊一被對手擺脫便無

圖3 在人數上取得優勢並創造「抄截地點」

一旦球被傳給敵方邊後衛（2號），我方就同時上前壓迫。因為對手很難只靠一腳就把球轉移到另一側（敵方的5號邊後衛），因此我方實際上取得了球員數相同+1（6號）的人數優勢，並藉此創造出「抄截地點」。

法延續戰術，就絕對不可能成為一支以高位壓迫為戰術核心的隊伍。【圖3】這個案例當中，一開始就在敵陣逼搶的三位前鋒（7號、9號與11號）接下來的行動，將是能否延續高位壓迫戰術的關鍵。

如果你總是覺得「球被帶到自己身後就完了」，高位壓迫的防守戰術就不可能持續下去。觀察球場上的形勢，敵方2號擺脫壓迫後，很可能往6號的方向傳球，因此對我方來說，究竟該由誰過來防守敵方6號？是正在盯防8號的10號嗎？還是讓原本壓迫6號的9號再撤回來一次？還是要讓6號直接上前壓迫？這些都要經過球隊事先的沙盤推演過才能決定（如圖4）。

1〔譯註〕【圖3】可以看出敵方半場內雙方都是7人，但作者認為對方很難一腳把球轉移到5號那邊，所以我方實質上比對方多出1人（即中間的6號）。

圖4 被對手擺脫之後的應對至關重要

若我方上前壓迫敵方2號卻被擺脫，敵方6號就很可能成為下一個接應傳球的人，因此球隊必須事先透過沙盤演練來決定由誰負責防守6號，才能延續高位壓迫的防守戰術。

延續高位壓迫戰術的鐵則是緊盯中路的敵方球員

敵方球隊的陣容在某種程度上有其固定的傾向。尤其是位於中路的球員，他們的位置幾乎不會有太明顯的變動。所以敵方陣營的6號、8號與10號，基本上不會移動他們的位置。當球被傳到邊線附近之後，中路就成為下一個接應球的地點。因此，緊迫盯防位於中路的敵方球員，對整體戰術來說至關重要。

此外，針對怎麼盯防都搶不到球權的狀況，球隊最好也要事先規劃應對方式。球隊必須不斷派出一個又一個的球員守住對手，不要給他們任何

圖5 務必守下位於中路的球員！

緊迫盯防敵方位於中路的球員（6號、8號與10號）對延續高位壓迫戰術來說至關重要，因為他們是敵方陣容的核心。

喘息的空間。如果做不到這一點，高位壓迫勢必無法成為隊伍的守備利器（如圖5）。**執行高位壓迫戰術時，一定要壓制住敵方半場中位於球周遭的球員，尤其是中路球員，絕對是我方的重點看管對象。關鍵在於球隊必須事先推演出一套方法，讓隊伍可以將高位壓迫戰術持續不斷地執行下去。**

不過即使如此，敵方守門員仍舊是無人盯防的狀態。球被傳給守門員時，球隊整體如何應對，也必須事先規劃才行。

其中一種方法是**不派任何球員壓迫守門員，放任他自由行動**。因為球場上其他的敵方球員都在己方球員的

看管之下，因此無論守門員出球到任何一個位置，在高位壓迫的狀況下都能防守下來。另一個方法是**任何人都能上前壓迫守門員。我們也可以一開始放任守門員不派任何人壓迫他，一旦守門員拿到球並做出運球動作，就立刻上前壓迫他。**

無論如何，**如果採取壓迫守門員的方式，盡量不要讓他用慣用腳踢球**。假設【圖6】中敵方守門員的慣用腳是右腳，我方9號球員只要從守門員右腳這一側逼近，他就會改用非慣用腳的左腳出球。

圖6 壓迫守門員需針對慣用腳

壓迫守門員時，從對方慣用腳那一側接近最有效果。

LESSON 25

中場壓迫

在各自的負責區域設定「抄截地點」

中場區域的守備方針，首先必須針對各自負責的每個區域設定「抄截地點」。例如【圖7】的狀況，由於守備方11號球員必須負責防守敵方的持球者3號球員以及位於邊線的2號球員，呈現1對2的人數劣勢，因此談不上任何「抄截時機」，也沒有所謂的「抄截地點」。

當敵方3號球員傳球給2號球員，守備方的11號球員將朝2號球員的方向跑動，這麼一來，這裡就會成為「抄截地點」。就場面形勢來說，敵方2號球員

圖7 還沒出現「抄截地點」，也還不是「抄截時機」

對守備方的11號球員來說，自己正處於1對2的狀態，不僅不是「抄截時機」，也沒有「抄截地點」。

圖8 這裡就是抄截地點

球被傳給敵方2號球員，守備方的11號球員上前壓迫。這裡就是「抄截地點」。

彷彿被逼到死角，**無論朝哪個方向傳球，路線都會被封鎖。這也代表這裡已經形成一個「抄截地點」了**（如圖8）。

不過，**是否真的要在這裡抄截對方的球，則取決於是否迎來「抄截時機」，以及全隊整體是否能夠配合**。即使11號球員成功壓迫對手，如果周遭的隊友沒有為對手的下一次傳球做好萬全準備，那麼**即使創造出「抄截地點」，對手還是可以輕鬆把球傳出來。在實際的球賽當中，經常會發生類似的狀況**（如圖9）。

在【圖9】這個案例中，如果11號球員無法成功壓迫對手，那麼6號球員就會接著負責掩護，沒有什麼太大的問題。但是，一旦11號球員成功壓迫對手，6號球員就必須預測對手的下一個傳球位置，然後盡快縮短自己與該位置的距離。更精確地說，如果能夠判斷「抄截時機」，附近的隊友就能同時採取行動，一起圍過來搶球（如圖10）。

圖9 雖然已經創造出「抄截地點」……

即使11號成功壓迫對手，其他隊友若沒有做好萬全準備，就算已經創造出「抄截地點」，對手還是可以輕鬆傳球。

圖10 此時正是抄截時機

如果能夠判斷「抄截時機」，附近的隊友就能同時採取行動，一起圍過來搶球。

LESSON 25

中場壓迫

近身壓迫是否成功是判斷「抄截時機」的基準

未到「抄截時機」先待命，一旦「抄截時機」到來，即使丟下原本盯防的對象也要過去幫忙搶球。這就是從「阻擊與掩護」轉為「阻擊與阻擊」的過程。不要只是侷限在球隊事先準備的「抄截地點」，只要能**和隊友共享「抄截時機」，即使沒有形成「抄截地點」，也有機會抄截對方的球。**

無論是在敵方半場、中場區域還是己方半場，此一準則適用於任何區域的防守。

在創造「抄截地點」的同時，又該如何創造出「抄截時機」？答案就是不要放過任何一個「抄截時機」。相反地，如果沒有「抄截時機」，高位壓迫也會漸漸轉為中場壓迫，甚至從中場壓迫回到自己的半場壓迫。如果放任對手將球轉移到另一側，或是被對手成功傳球，這些狀況都是己方即將撤退到更深處的區域進行防守的訊號。相反地，**如果對手回傳，很明顯地這就是一個可以從中場壓迫改採高位壓迫的訊號**。

有些時候場上的狀況可能很微妙，很難決定究竟是繼續壓迫比較好，還是應該後撤防線來避免被對手突破到防線背後。當對手並非完全不在盯防範圍之內，但也沒有被任何防

守備愈踢愈好的岩政語錄 8

化『沒有才能』為武器」

中學時，因為就讀的學校沒有足球社，我在一個很難繼續踢足球的環境中長大。我沒有什麼特殊才能，速度不快、技巧也不是特別好，也因此我一直思考著該怎麼做才能取得勝利，而這個習慣在不知不覺當中，就成了我的武器。

守球員鎖定的情況下，自己應該採取什麼樣的行動？何時是應該採取行動的「抄截時機」？就只能交由場上的選手自行判斷。

「抄截時機」的判斷基準，依舊取決於負責阻擊的球員是否成功壓迫對手（如圖11）。**球隊裡面能成功壓迫對手的球員愈多，就能創造出同等次數的「抄截時間」，因此擁有能夠確實壓迫對手的球員對球隊來說非常重要。**一個球隊擁有多少近身壓迫能力強、可以封鎖對手行動的球員，將澈底改變球隊整體的守備能力。

圖11 「抄截時機」的判斷基準，取決於上前阻擊的球員是否能成功壓迫對手

由於上前阻擊的6號球員成功壓迫對手，且3號、5號、10號與11號也都確實鎖定目標，此時正是「抄截時機」。4號球員亦可抓住這個時機上前阻擊對手。

LESSON 26

在己方半場深處的守備原則

在己方球門附近時，由「奪取球權」改為「防守」優先

如果把球場劃分為三個區塊，當我們在己方半場這三分之一的區域內防守，其防守目標與迄今所談到的前三分之二的區域截然不同。

執行高位壓迫與中場壓迫等戰術，都是以「奪取球權」為最終目標，但是**當我們在己方半場這三分之一的區塊執行防守，則需以「守住球門」為第一優先**。因此在這裡要做的第一件事，就是切換你的防守思維。

具體來說，**中後衛不應為了奪取球權而被誘出防守區域**。因為這裡的首要任務是守住球門，因此不太可能讓球隊當中防守能力最強且具備強大空戰能力的中後衛離開球門前這個區域。當然，如果出現可以奪取球權的機會，他們也應該採取行動，不過**即使是中場球員，在這個區域防守時，也應將防守的重心擺在不被進攻球員突破**。

另一方面，因為後衛身後的空間有限，就算為了防守球門而據守在此，還是有奪取球權的機會。如果防線還在中場附近，可能後衛背後還有三十公尺左右的空間，但是若防線後撤到禁區外圍，後衛背後的空間等於只剩不到二十公尺。再加上如果球被

圖12 後衛背後的空間概念

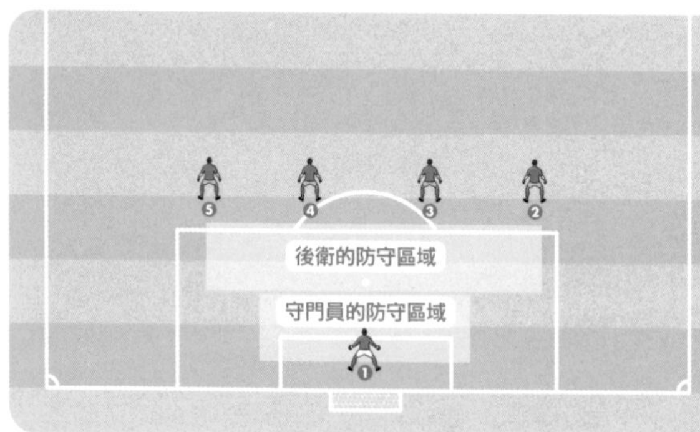

如果能在禁區外圍拉起一道後防線，後衛就能同時顧及背後的空間。在那之後的空間，則是可以靠守門員移動腳步向前掩護的區域。

傳到這個位置，守門員會移動腳步向前阻擋，因此對手實際可以運用的空間大概只有十公尺左右（如圖12）。

對守備方來說，背後有限的空間是一項優勢，因此即使一時回撤到禁區內，還是要找機會盡快回到禁區外的位置。如果對手橫向帶球、橫向傳球或是選擇加強控球，就能抓準這個背後不會被攻擊的時機，盡快移動到禁區外圍並拉起一道後防線（如圖13）。

如果後衛可以在禁區外圍拉出一道後防線，那麼是否嘗試抄截對方的球，可以交由個人自行判斷。因為只要超出防線就會越位，對方可以運用的空間基本上只有防線前的這塊區域，即使守備方不特別留意也已經把空間壓縮到最小了。在這樣的狀況下，即使後衛的其中一人跑去抄球，也不用擔心空間會被拉大，從這個角度來看，這個區域可以說是一個能夠輕鬆改採阻擊與阻擊的區域。雖說如此，「守住球門」仍然是此處防守的第一要務，這一點一定要時刻謹記在心。

圖13 後防線必須盡可能死守在禁區外圍

即使一時回撤到禁區內，仍要找機會盡快回到禁區外的位置。對方橫向傳球時，即使有敵方球員移動到防線後方，球也不會傳到這裡，所以可以把握時機將防線移動到禁區外圍。

POINT

在己方半場深處防守時，請優先守住球門，並將防線設置在禁區外圍。

LESSON 27

防範邊路進攻的守備原則

球門前安排兩名中後衛是基本配置

敵方球員從邊路發動攻勢時，中後衛應避免被輕易地引誘到邊路的位置。並且**在球門寬度的範圍內，維持兩名中後衛在此防守是非常重要的**。

這是因為**80％左右的進球，都是來自於禁區內正面角度的射門。大致上來說，就是禁區內球門區（也被稱為小禁區）的寬度**。更精確來說，就是**左右門柱分別連線到禁區外角之間的扇形區域**（如圖14）。這塊區域也被稱為「貝爾薩區」，以馬塞洛．貝爾薩主教練（Marcelo Bielsa）的名字來命名。所有進到這個區域的傳中球，都可以讓這兩名中後衛負責處理。

圖14 兩名中後衛防守貝爾薩區

左右門柱分別連線到禁區外角之間的扇形區域也稱為貝爾薩區，所有進到這個區域的球，基本上都由固守在此的兩名中後衛負責處理。

POINT

原則上，安排兩名中後衛防守球門前這塊區域，他們就不會輕易被對手的邊路攻勢引誘。

防範傳中球在邊路解圍？或封堵後衛與守門員間的路徑？

因為中後衛在球門前防守，因此敵方球員試圖踢出傳中球時，就需由邊後衛或其他球員協防。此時的處理方式可以分為兩種。

其中一個方法是**對手瞄準己方後衛與守門員之間並試圖踢出傳中球時，我方防守球員提前站在傳球路線上封堵傳中球**。就防守的優先順序來說，務必守下敵方試圖送到球門附近的傳中球。米蓋爾·安赫爾·洛蒂納（Miguel Ángel Lotina）所執教的球隊一定會澈底執行這一點。無論中後衛還是邊後衛，都一定會率先固守最危險的區域。【圖15】這個狀況，由於邊後衛限制了對手的傳中路線，因此中後衛在預測來球方向時也更加輕鬆。

另一個方法則是球場上較為常見的做法，那就是**直接在邊路就將持球者趕到外圍**。這個方式雖然被切入的風險較小，但是若對手帶球深入底線並踢出一腳傳中球，其傳球路線就會變得相當難以預測（如圖16）。

圖15 封堵持球者到後衛與守門員之間的傳球路線

2號邊後衛需擋在持球者到後衛與守門員之間的傳球路線上封堵傳中球。

圖16 把傳球者趕到外圍

2號邊後衛把對手趕到更外圍的區域，不讓他踢出傳中球。

POINT

面對試圖踢出傳中球的對手，最重要的是不讓對方瞄準後衛與守門員之間的位置，並且盡量把對方趕到更外圍的區域。

LESSON 27

防範邊路進攻的守備原則

處理被傳到守門員面前的致命傳中球

處理傳中球的方式，根據球隊的決定各有不同，可以直接防守球門前的區域，也可以用1對1的方式緊迫盯防。無論採取哪一種方式，都不是絕對正確的答案，但是作為一個團隊，球隊有必要事先做出明確的指示。也有些隊伍會採取1對1盯防與區域聯防並行的防守方式。我自己比較喜歡採取的方式是區域聯防，並透過階段性的防守，優先穩固最危險的區域。

不過**最致命的傳球，果然還是被傳到守門員面前的傳中球，所以仍應優先固守這個位置**。後續只要預測出對手的傳球路線，就可以靠緊迫盯人來應付。**與其從一開始緊跟著盯防對手進入危險區域，不如先固守在危險區域當中，更容易守住對手的攻勢**。

圖17 只顧著盯球的身體方向

如果像3號球員一樣整個身體正對著球，就會變成只顧著盯球的人，很容易跟丟移動到自己背後的對手。

圖18 站在可將對手與球都納入視野的位置

3號球員選擇可以用眼角餘光看到對手的角度，只要對手移動到身後，就能靠移動腳步調整自己的位置。

在1對1守備原則的章節，已經解釋過如何處理被傳到球門前的傳中球（請參照49頁），其關鍵在於不要只顧著盯球（圖17）。

如果對方踢出一顆飛往中後衛之間的傳中球，情勢將變得非常危險，因此請事先調整身體的角度，讓自己能以眼角餘光察覺到試圖往自己背後移動的對手。這麼一來，**即使對方移動到自己的背後，也可以靠著調整腳步來持續緊盯對方的動向**。在最壞的狀況下，就算你自己碰不到球，也可以透過上述站位來干擾對手拿球（如圖18）。

棘手的負角度傳中球 明智的球門防守方法

對守備方來說，最危險的傳中球是傳到球門前方的傳中球，但是**另一個令人飲恨的痛點，則是負角度的傳中球**[1]。

因為防守球員最優先的任務是戒備傳到守門員前方的傳中球，因此大多會固守在此處，於是**不可避免地造成守門員前方再往前一點的區域出現空檔。這個區域的防守一般會先讓中場回來防守，但是為了「守住球門」有時也會讓中後衛上來協助。**

中後衛協助的前提，是本來傳到近角的傳中球被封堵。因為只要封鎖住近角傳中球的傳球路徑，球穿越到遠角的可能性也隨之降低。此時，**位於遠角的中後衛應該將重心放在前方，為可能出現的負角度傳中球做準備**（如圖19）。

圖19 只要近角的傳中球被封堵，遠角側的中後衛就要準備防守負角度傳中球

邊後衛（2號）擋住了對手欲傳往近角的傳球路線，位於遠角的中後衛（4號）就要轉移重心向前，為負角度傳中球做準備。

圖20 無法成功壓迫時……以阻擊與掩護來應對

封堵遠角

封堵近角

一旦對手傳出負角度傳中球，左右兩名中後衛就要負責封堵遠角與近角的射門路線，同時接近持球者。即使對手起腳射門，射門路線也已被限制住。

一旦對手傳出負角度的傳中球，位於遠角的中後衛就要立刻上前封堵這條傳球路徑（如圖20）。同時，位於近角的中後衛也要用身體擋住這一側的射門路線，同時縮短自己與持球者之間的距離。此處的防守方式與敵方內切時「限定射門路線的鐵則」相同（請參照83頁），只要**兩名中後衛同時封鎖近角與遠角的射門路線，即使對手在此射門，守門員也能高機率成功撲救**。雖然球隊可能會面臨對手的射門，但是**從「守住球門」的意義上來說，只要中後衛加上守門員這三名球員正確站位，就能降低進球的可能性，可以說是相當重要的一種防守手段**。

1〔譯註〕即往回傳的傳中球，常見的標準負角度傳中是45度角。

LESSON 27

防範邊路進攻的守備原則

即使陷入人數劣勢 中後衛也要處變不驚

大量敵方球員（四到五人）進入禁區時，可能會陷入中後衛必須一個打兩個的窘境。尤其如果球隊採用四後衛陣形，可以想見在比賽中將遇到很多類似的狀況（如圖21）。

由於一個中後衛要負責防守兩名對手，只要1對1專注盯防其中一人，理所當然另一人便進入無人盯梢的狀態。這種狀況看似很容易陷入恐慌，事實上**只要謹記「守住球門」這個終極目標，採取的應對方式也沒有什麼不同。首先第一件事，就是穩固最危險的區域。進入危險區域的對手，一**

圖21 即使需防守兩名對手……就結論來說只要封鎖即將接到球的對手即可

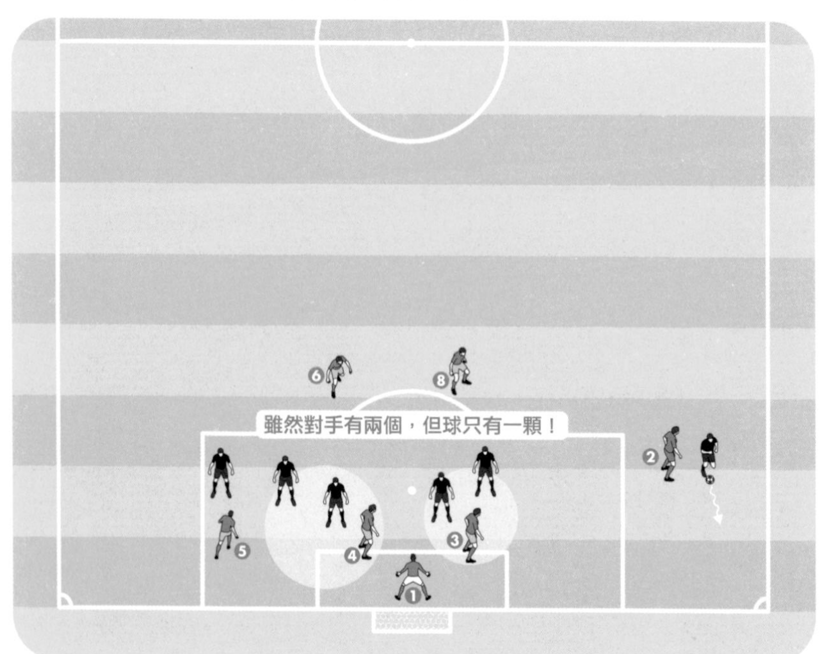

雖然3號與4號中後衛都面臨一人看管兩人的狀況，但只要謹記「守住球門」，應採取的行動也都大同小異。最終必須處理的，只有即將接到球的那一個對手。

定要優先鎖定。不過，另一個人應該如何處理？**雖說防守方陷入1對2的劣勢，但因為球只有一顆，因此就結論來說，應該處理的只有即將接到球的那位對手**。而球會被傳到哪裡，則需觀察對手踢出傳中球時的出球方向。

假如敵方踢出傳中球的那一刻，你判斷球將被傳給另一個無人盯防的球員，立刻放棄盯防目前的對手並趕往另一個對手的所在位置。與定位球不同的是，通常在一連串的動作當中，難以判斷傳中球被踢出的時機，因此進攻方的球員也經常在此時停下腳步。**中後衛可以一邊盯防位於危險區域的敵方球員，同時掌握另一位無人盯防球員的所在位置，並透過傳中球的出球方向來判斷該往哪個方向移動**。

這也是職業球員常見的錯誤，那就是滿腦子只想到**「只要自己盯防的對手沒有得分就好」**。但是身為球隊的中後衛，一旦有這樣的想法，勢必無法取得隊友的信任。

從總教練的角度來看，可能會把錯誤歸結在放任對手無人盯防的球員。但是我希望中後衛即使面對這樣的困難，也擁有承擔一切的堅定意志。當然，如果讓原先盯防的對手進球得分，代表中後衛防守失敗，你的位置很有可能被其他球員取代。因此放棄眼前正在盯防的對手，是一個相當艱難的抉擇。

但是我認為若要成為真正值得信賴的中後衛，除了為自己採取行動之外，是否能為球隊付出，才是身為中後衛最為重要的特質。

POINT

即使陷入1對2的劣勢，最後需處理的只有即將接到球的對手，謹記這一點就能守住球門。

LESSON 28

防範中路進攻的守備原則

鞏固中路的同時瞄準機會「搶球」

面對來自中路的進攻，只要根據阻擊與掩護的原則來防範即可。由於背後的空間有限，可以說是一個更容易轉換阻擊與阻擊的位置。

當位於掩護位置的後衛判斷沒有繼續掩護的必要，就要馬上往前方移動，回到禁區外圍的位置。與位於中場相比，由於背後空間受限，必須掩護的距離較短，因此可以更快做出停止掩護回到防線的判斷。**為了提升防守密度，盡量不要讓防線回撤到禁區內**。

圖22 鞏固中央以守住球門的方法

當對手帶球內切
①2號球員負責封堵近角的射門路線。
②3號球員負責封堵往遠角的傳球或射門路線。
③4號球員就掩護位置並負責阻擋穿越球，透過鞏固中路來守住球門。

敵方從中路進攻時，**「守住球門」仍是最優先的任務**。假如對手帶球切入，立刻封堵近角與遠角的射門路線。同時也要封鎖傳往背後的傳球路線。也就是說，我方將有三名球員往中央靠攏，以鞏固中路為優先（如圖22）。

此時如果球被往外傳，其中一人需負責上前防守，但中後衛不可被誘離，仍需固守於球門前。一旦球再度被傳回中路，防守球員就要再回來以鞏固中路為優先。如此不斷反覆，就是防守門前中路進攻的方式。**不讓對手進入禁區內，不給任何射門機會，即使真的遭遇射門，也要限制對手的射門路線**。所有行動都是為了達到「守住球門」的目的。由於背後的空間有限，不用再為了掩護回撤深處，當然更容易出現阻擊與阻擊的機會，所以只要為「守住球門」採取行動，就會出現「搶球」機會。因此所有球員皆需保持冷靜，一起將「守住球門」視為第一優先。

POINT

面對來自中路的進攻，務必將「守住球門」視為第一優先。不要給對手射門的機會；即使遭遇射門，也要限制對手的射門路線。

守備愈踢愈好的岩政語錄 9

「沒有答案也沒關係」

足球的發展日新月異，昨日的「解答」可能已經成為不合時宜的過去。特別是運用「成功經驗」時，更要小心謹慎。正所謂「道可道，非常道」，沒有恆久不變、永遠正確的道理。

全隊的守備原則 技巧總結

- 「在敵方半場的高位壓迫」、「中場區域的中場壓迫」、「在己方半場的退縮防守」。無論處於何種形勢，都存在著合適的「抄截地點」與「抄截時機」。

- 「抄截地點」指的是球隊事先設定好，可以奪取球權的「地點」。「抄截時機」指的是當我方球員成功壓迫持球者時，周遭隊友開始聯手奪取球權的瞬間。

- 高位壓迫防守能夠持續的重要關鍵，是被對手擺脫之後的配合。

- 執行高位壓迫戰術需緊盯中路的敵方球員。

- 防範邊路進攻，維持兩名中後衛在球門寬度的範圍內防守相當重要。

- 在己方球門附近時，防守的優先順序將由「奪取球權」改為「防守」，不要給對手射門的機會；即使遭遇射門，也要限制對手的射門路線。

結語

告別「日本人不擅長爭搶」的刻板印象

曾經有一段時間，經常耳聞日本球員不擅長爭搶的說法。爭搶指的是所謂的1對1爭搶，而外籍主教練便經常指出，日本人相當不擅長與對手爭搶球。

一般認為可能是因為日本人的體格跟外籍選手有差異的關係。但是，遠藤航選手卻能在德甲（德國足球甲級聯賽，Fußball-Bundesliga）成為爭搶王，這證明了即使日本人的體格較為劣勢，也不代表就會在1對1爭搶中落於下風。岩政先生想要透過這本書，強調「近身壓迫」與「停止」的重要性，同時也提到日本人不擅長「停止」這個動作。若不能正確掌握「停止」的技巧，即使「近身壓迫」對手也沒有任何意義。但若無法成功壓迫對手，就無法奪取球權，更不可能在1對1爭搶的情況之中取得勝利。因此這個問題的根本，很明顯源於「停止」技術的不純熟。

反之，如果能夠正確掌握停止的技巧，近身壓迫對手的效果也會得到加成。透過成功近身壓迫對手，可以將被動的防守轉變為主動出擊搶斷的防守。整支球隊的守備也會因此而脫胎換骨。正如同只要能正確「停球」就能大幅改變球隊的進攻，正確「停止」對防守的提升也有同樣的效果。

透過不斷磨練正確的「近身壓迫」與「停止」的技巧，就能逐漸提升守備水準。終有一天，我們將扭轉日本人爭搶弱勢的印象。

西部謙司（構成）

足球——守備完全圖解

職業足球員也要學的防守原則與抄截技巧

サッカー守備解剖図鑑

作　者	岩政大樹
插　畫	內山弘隆
譯　者	吳亭儀
責任編輯	賴譽夫
日版構成	西部謙司
日版設計	米倉英弘、狩野聰子、橋本葵、長坂凪、豐田名帆（細山田設計事務所）
美術排版	一瞬設計
編輯出版	遠足文化
行銷企劃	張偉豪、張詠晶、趙鴻佑
行銷總監	陳雅雯
副總編輯	賴譽夫
發　行	遠足文化事業股份有限公司（讀書共和國出版集團） 23141新北市新店區民權路108之2號9樓 代表號：（02）2218-1417　傳真：（02）2218-0727 客服專線：0800-221-029　Email：service@bookrep.com.tw 郵政劃撥帳號：19504465　戶名：遠足文化事業股份有限公司 網址：http://www.bookrep.com.tw
法律顧問	華洋法律事務所　蘇文生律師
印　製	韋懋實業有限公司
初版一刷	2024年7月

ISBN　978-986-508-297-0
定價　380元

國家圖書館預行編目資料

足球——守備完全圖解：職業足球員也要學的防守原則與抄截技巧／岩政大樹 著；吳亭儀 譯
一初版．一 新北市：遠足文化事業股份有限公司，2024年7月
128面；14.8×21公分
譯自：サッカー守備解剖図鑑
ISBN 978-986-508-297-0（平裝）
1. 足球　2. 運動訓練

528.951　　113006780